KB267449

직업의 정석

# 직업의 정석


지은이　조주연
펴낸이　이명식
펴낸곳　세종서적(주)

기획　이진아 콘텐츠컬렉션
편집부장　주지현
책임편집　김소영
디자인　구민서
마케팅　김형진 최여진
경영지원　홍성우

출판등록　1992년 3월 4일 제4-172호
주소　서울시 광진구 구의동 74-5 3층
전화　영업 (02)778-4179, 편집 (02)775-7011
팩스　(02)776-4013
홈페이지　www.sejongbooks.co.kr
블로그　sejongbook.blog.me

초판 1쇄 발행　2013년 11월 20일
　　4쇄 발행　2013년 12월 5일

ISBN 978-89-8407-401-9 13320

이 도서의 국립중앙도서관 출판시도서목록(CIP)은 서지정보유통지원시스템
홈페이지(http://seoji.nl.go.kr)와 국가자료공동목록시스템(http://www.nl.go.kr/kolisnet)에서
이용하실 수 있습니다.(CIP제어번호: CIP2013021902)

# 직업의 정석

조주연 지음

# 차례

# 3장 이직은 자기주도적으로 하라



# 4장 프로의 세계로 나아가라

# 직업이 인생이고,
# 인생이 곧 직업이다

내가 10대였을 때 주말 저녁을 장악하던 TV 오락 프로그램의 한 코너로 '인생극장'이라는 것이 있었다. 그 당시 잘나가던 신세대 개그맨이 나와서 매주 어떤 주제를 정해 두 가지의 갈등 상황을 보여주고, 각각의 결정에 따라 그의 인생이 어떻게 변하는지를 보여주는 구성이었다. 예를 들어 A와 B라는 두 여자를 놓고 어떤 사람과 결혼할지 갈등하다가 A와의 미래를 그려본 다음, 또 B와의 미래를 상상하는 식이었다.

그때는 그냥 웃고 넘겼는데, 요즘 나는 그와 같은 상황에 종종 빠져들곤 한다. 특히 힘든 순간에 직면할 때마다 '내가 그때 그런 선택을 했더라면(또는 하지 않았더라면) 나는 지금 더 잘나가고 행복하지 않을까?' 하고 생각에 잠긴다. 시간을 되돌릴 수 없다는 것을 알면서도, '가지 않은 길'에 대한 미련과 아쉬움 때문에 가슴 한구석이 쓰리고 불편해지는 경험을 한 사람이 비단 나뿐만은 아닐 것이다. 그중에서도 내가 가장 후회하는 것은 학교 졸업 후 처음 가지게 된 직업에 대해서이다.

나의 첫 직업은 광고 기획자였다. 10년간 그 일을 했지만, 사실 행복했다고 말할 수는 없는 시간이었다. 직업으로 광고 기획을 선택하지 않았다면, 나는 지금 어떤 삶을 살고 있을까? 광고장이라는 직업이 지금은 전혀 다른 직종에 종사하는 나를 받쳐주는 탄탄한 기본기가 되었다는 사실에 감사하면서도, 어울리지 않은 옷을 오랫동안 걸치고 살아온 것에 대해 많은 후회와 아쉬움을 느끼기도 한다.

나는 현재 헤드헌터와 커리어 컨설턴트로 일하면서 하루에도 몇 명씩, 한 달이면 수십 명의 직장인을 만난다. 이 일을 하면서 나는 직업과 관련해 나와 같은 갈등을 겪는 사람이 많다는 사실에 놀랐다. 그들의 첫마디는 대부분 "이 직업을 선택하는 게 아니었어요"였다. 그러나 직업을 다시 선택한 후에도 갈등은 사라지지 않는다. 그들은 여전히 "이 회사가 아닌데……", "그때 좀 참았어야 했는데……", "섣불리 그만두는 게 아니었는데……"라고 말한다.

잘못 선택한 직업일수록 잘해야 한다는 생각에 더 많은 에너지를 쏟아붓게 되므로, 그로 인한 스트레스는 상상하기 어려울 정도이다. 어떤 사람들은 자신이 선택한 직업과 그에 대한 관리가 이후의 자기 인생에 큰 영향을 끼친다는 사실을 인식하지 못하기 때문에 그 시간을 헛되이 보내기도 한다. 그러나 그 시간들이 바로 '나'라는 존재를 만드는 것이므로, 한순간이라도 낭비해서는 안 된다.

## 직업은 인생의 중심에 서 있다

최근 한 지인이 나에게 해준 이야기는 직업이 인생에서 어떤 의미를 가지는가에 대해서 다시 한 번 생각하게 만들었다.

어느 날 그녀는 불합리하게 일을 처리한 상사와 미국 본사 때문에 목까지 차오를 정도로 화가 났다. 오랫동안 쌓인 울분이 그때 한꺼번에 터지는 기분이었다고 한다. 6시가 채 되기도 전에 자리를 박차고 나온 그녀는 집으로 돌아온 후 마음을 가라앉히고 차분히 생각해보았다. 그리고 자신이 화가 난 이유가 회사나 상사 때문이 아니었음을 깨달았다. 그녀가 울분을 참지 못한 진짜 이유는, 인생을 의미 있게 사는 것과는 전혀 상관없는 일에 시간을 허비하고 있는 자신에게 화가 났기 때문이었다.

월급이 매달 꼬박꼬박 나온다는 점 하나만으로 만족하며 살아가기에는, 직업은 우리가 생각하는 것보다 훨씬 더 많은 의미를 부여한다. 자신이 추구하는 인생의 본질에 다가가게 하고, 그로 인해 인생을 충만하게 하며, 자신이 원하는 길로 이끌어주는 원동력이 바로 직업이다. 그러므로 직업을 선택하는 것은 우리의 인생에서 그 어떤 결정보다 신중해야 하며, 단순히 경제적인 안정성 하나만으로 판단해서는 안 된다.

불경기가 지속되다보니, 요즘에는 '직업=안정성'이라고 공식화되어버린 듯하다. 대학생부터 퇴직자에 이르기까지 온통 취업 열풍에 빠져 있는 것을 보면, 언뜻 모든 구직자가 직업에 대해서 진지하게 고민하는 것처럼 보인다.

그러나 현재의 취업 열풍은 단지 경제적인 도구로써의 직업을 찾는 데에만 집중된 나머지 인생의 핵심에 위치한 직업에 대한 인식이 왜곡되어 있음을 알 수 있다. 장기적으로 보았을 때 개인, 더 나아가 국가의 미래가 심각하게 우려되는 수준이다. 민주화를 외면한 채 경제성장만을 지향한 국가가 심각한 후유증을 앓는 것처럼, 인생의 핵심 축이 되는 직업의 의미를 잊어버린 사람들이 겪게 될 갈등이 염려스럽지 않을 수 없다.

### 자신을 소모시키는 인생에서 벗어나라

당신은 일하면서 자신을 채워나가기는커녕 소모시키고 있지 않은가?

직업을 가지고 그 일을 하면서 성장하기보다는 순간의 이득이나 연봉 인상 등에 자극받아서 깊은 생각 없이 그만두거나 이직을 하는 직장인들을 볼 때면 안타까운 마음이 들었다. 그들에게서는 올바른 직업 관리란 찾아보기 어려웠기 때문이다.

주지하다시피 이제는 직장보다 직업으로 접근해야 하는 평생직업의 시대이다. 설령 당신이 다니는 회사가 없어지고, 또는 회사를 나오게 된다고 하더라도 당신의 직업은 평생 계속되어야 하므로, 직업 관리는 반드시 기억해야 할 개념이다. 당신의 직업이 양호한 상태를 유지하며, 나이가 들더라도 직업 안에서 더 경쟁력을 가지고 롱런할 수 있도록 관리하는 것이 바로 직업 관리이다.

대표적인 직업 관리 수단이라고 할 수 있는 이직을 섣부르게 판단한 사람은 아무리 시작이 좋더라도 점점 내리막길을 걷게 된다. 그릇된 선택은 또 다른 선택을 강요하고, 결국 그 선택을 후회하는 악순환이 반복된다. 그러면 직업에 관한 한 다시 상승곡선으로 변화되기가 쉽지 않다. 바꾸어 말하자면, 직업을 관리하기보다는 어려운 상황을 피해가는 모양새가 되기 때문에 자연히 의미 있는 경력을 쌓기 어려워진다는 뜻이다. 설령 직업을 바꾸더라도 지금의 직업을 관리하며 쌓은 기본기는 다음 직업에도 그대로 연결되기 때문에 더욱더 능동적인 관리가 필요하다.

일에 치여서 녹초가 된 날이면 '도대체 직업이 무엇이길래 이렇게 고생을 하며 살아가야 하는 걸까?'라는 생각도 들 것이다. 그러나 직업을 제대로 관리하면, 건강 관리를 잘하는 사람이 감기를 앓더라도 금방 툭툭 털고 자리에서 일어나는 것처럼, 다시 힘을 모아 앞으로 나아가게 될 것이다. 반대로 직업 관리를 소홀히 한 사람은 매일매일 자기 자신을 소모시키며 지쳐가고, 공허함 속에서 시간을 허비하다가 결국 갈 곳 없는 위치에 놓일 수도 있다.

직업이 당신을 소모시키는 도구가 되어서는 안 된다. 짧지 않은 인생에서 직업을 통해 소모하는 부분보다 채우는 부분이 많은 '남는 장사'를 해야 한다. 그러기 위해서라도 직업 관리는 반드시 필요하다.

## 무지갯빛 경험을 하며 살아가라

직업만큼 나를 나답게 만드는 것은 없다. 직업에 따라 만나는 사람도, 행동양식도 결정된다. 또한 '직업병'이라는 말이 있을 정도로 건강에 영향을 미침은 물론이고 취미활동 등 전반적인 라이프스타일이 좌우되니, 인생에서 직업만큼 자신의 정체성을 잘 보여주는 것이 또 있겠는가. 세계 어느 나라에서든 누군가를 처음 만났을 때 어떤 일을 하는지 묻는 이유도 이런 맥락 때문일 것이다. 그러므로 자기 자신과 본인의 인생을 보여주는 직업의 선택과 관리에 관심을 기울이고, 좋은 방향을 향해 노력하는 것은 당연한 일이다.

당신은 어떻게 해서든지 일에서 벗어나 살고 싶은 인큐베이터 인생이길 원하는가? 아니면 일을 통해 자신을 알아가고 세상을 발견하며, 자기가 하는 일이 세상에 어떠한 영향을 끼치는지 알게 되는 무지갯빛 경험을 하며 살기를 원하는가?

직업 때문에 치열하게 고민해본 한 사람으로서, 또 나와 비슷한 고민을 하는 많은 사람과의 만남을 통해 쌓인 노하우를 당신에게도 들려주고자 이 책을 쓰게 되었다.

앞서 언급한 '인생극장'의 주인공은 선택의 순간에 주먹을 불끈 쥐며, "그래, 결심했어!"라고 외쳤다. 당신의 '인생극장'에서 주인공은 바로 당신이며, 그 중심에 당신의 직업이 있다. 이제 당신의 직업 선택과 관리를 위해서 스스로 주도적인 결정을 할 때이다.

# Part 1

# 직업을 사랑하면 인생도 성공한다

직업 따로, 인생 따로?
No! 직업은 인생의 본질이자 핵심이다.

# 당신은 갈림길에
# 놓여 있다

장기적으로 나아갈 길을 찾았다면,
그 여정을 즐겨라.

삼성경제연구소는 2013년 4월에 직장인 849명을 대상으로 '직장인의 행복에 관한 연구' 조사를 실시했다. 이 보고서에 따르면 우리나라 직장인들의 행복은 100점 만점 기준에 평균 55점이라고 한다. 그들이 '삶 전반에서 느끼는 행복'에 대한 점수인 64점보다도 낮은 수준이다.

직장인들의 직업 선택 기준과 일터 환경 및 극심한 경쟁을 감안하면 크게 이상한 결과가 아니며, 그들이 탈출을 꿈꾸는 것 역시 놀랄 일이 아니다. 자신의 직업을 싫어하는 사람이 헤아릴 수 없이 많고, 직장은 피할 수 없는 무서운 존재로 군림하는 현실에서, 사람들은 다른 일을 하고 싶다는 열망을 억누르고, 대안이 무엇인지도 모른 채 지금 하는 일은 맞지 않는다며 괴로워한다.

그러나 생활비, 자녀 교육비, 신용카드 대금, 아파트 대출금 등을 떠올리며 어쩔 수 없이 한숨지을 뿐이다. "직장생활이 다 비슷하지", "남들도 똑같을 거야"라고 자신을 위로할 수밖에 없는 현실이지만, 치밀어 오르는 답답함과 공허함을 견디지 못하고 하루하루 절망 속에서 살아가는 것 같다.

한 가지 분명한 점은, 직업을 싫어하면 결코 인생을 사랑할 수 없다는 것이다. 1주일에 최소 5일 이상, 눈떠 있는 시간의 대부분을 할애하는 일을 싫어한다면, 당신이 아무리 일과 여가를 구분지어 생활한다고 해도 인생은 속 빈 강정일 수밖에 없다. 과연 당신이 몸담고 있는 직업을 그만두어야 할까, 아니면 이렇게 계속 살아야 할까?

### 계속하려는 자, 드림잡은 없다고 생각하라

고민하고 있는 당신에게 진지하게 묻겠다. 당신은 일하면서 무엇을 쌓아가고 있는가? 아무리 생각해보아도 쌓이는 것이라고는 스트레스와 어깨의 근육통뿐이며, 주말이 오는 것 외에는 낙이 없는 직업이라면, 그 일을 그만두고 다른 대안을 찾으라고 권하고 싶다. 반면에 힘들고 스트레스로 똘똘 뭉친 직업이지만, 장기적으로 당신이 쌓고 싶은 무엇인가가 있으며 그것이 조금씩 쌓여가고 있다면, 그 일을 계속하라. 직업은 평생 자신과 함께 가는 것이며, 장기적으로 쌓이는 것이 있어야 의미가 있기 때문이다.

앞서 말했듯이 직업을 사랑하지 않고는 인생을 사랑할 수 없다. 그러나 주변이 온통 꽃밭같이 황홀하며 스트레스 하나 없고, 매일매일 자신이 발전할 수 있는 직업이 있을까? 잡다한 일 따위는 신경쓸 필요도 없고, 항상 창의적인 일에 몰두할 수 있는 환경을 가진 직업이 있을까?

장담하건대, 그런 직업은 없다. 꿈꾸던 직업을 가지게 되었거나, 꿈꾸던 회사에 들어갔다는 사람에게 물어보면 그들 역시 마냥 행복하다고 대답하지는 않을 것이다. 얼마 지나지 않아 똑같이 업무 때문에 힘들고, 전과 다름없이 사람들 때문에 부대낀다. 어쩌면 "조금은 해볼 만해" 정도로 말할 수도 있을 것이다.

그러나 우리가 인생을 고행이라고 하면서도 살 만하다고 여기는 것처럼, 직업도 이와 마찬가지가 아닐까? 우리는 매일 상사로 인해 힘들어하고, 하루하루 똑같은 일을 반복하면서 이렇게 계속 살아도 될지 회의감을 느낀다. 또한 의욕 없이 월급날만 기다리다가도, 한편으로는 자신의 일이 할 만하다고 느끼기도 한다. 장기적인 면에서 보면, 점점 쌓이는 의미 있는 그 무엇인가를 생각하며 앞으로 나아가는 것이 바로 우리의 직업인 듯하다. 이런 의미에서 나는 "드림잡dream job은 없다"고 말하고 싶다.

다음과 같이 말했던 한 사람이 있었다.

"저는 매일 아침마다 하루가 시작된다는 기대감에 행복해하며 눈을 뜹니다. 하루하루가 너무 즐거워요."

영화 속 대사 같은 말을 했던 그 사람이 요즘도 가끔 생각나는데, 부러워서가 아니라 이상하기 때문이다. 세상에서 가장 행복한 사람처럼 보였던 그의 이야기가 나는 별로 믿기지 않았다. 오히려 '이 사람이 속으로는 지독한 우울증을 앓고 있는 것은 아닐까' 하는 의심마저 들었다. 어떻게 하루도 실망하지 않고 매일매일 행복할 수 있을까? 직업, 더 나아가 인생은 기본적으로 너무 힘들고, 가끔은 사는 것 자체가 의미 있는 일인지 의문이 들 때도 있는데 말이다.

그러나 한 가지 희망적인 것은, 우리는 언제나 장기적으로 무엇인가를 이루어나가는 여정 속에 있으며, 이것이 바로 인생이고 직업이라는 사실이다.

## 그만두려는 자, 가슴에 큰 꿈을 품어라

가슴에 큰 꿈이 없다면, 험난한 직업의 길을 헤쳐나가는 것이 너무나 감당하기 힘들게 느껴질 것이다. 지금의 직업으로는 도저히 꿈이 품어지지 않는다면, 과감한 결단을 내려야 한다. '저 멀리 빛 한 줄기 보이지 않지만, 이 순간만 참고 넘기면 나아지겠지……' 하고 생각한다고 해결될 문제가 아니다. 어떤 것을 그만둘 때에는 대부분 비난을 받는다. 그러나 이루고 싶은 꿈, 걷고 싶은 길이 보인다면 남들의 시선은 그리 신경쓸 필요가 없다. 스스로의 판단이 가장 중요하다.

'Quitter(중도에 포기하는 사람)'였던 스티브 잡스와 빌 게이츠가 명문대를 그만둘 때, 주변의 반응이 어떠했을지 생각해보라. 그들이 중도에 그만둔다는 사실 하나만으로 '실패자'라는 꼬리표까지 붙었을 것이다. 지금은 그 누구도 그들을 그렇게 부르지 않는다. 오히려 심지 있게 자신의 인생을 개척해서 성공한 사람으로 평가하지 않는가. 중요한 모든 일에 다른 사람의 승인을 받을 수는 없는 노릇이다.

광고계 일을 10년이나 한 나 역시 그만두는 결정을 내리기가 쉽지 않았다. 어쨌든 적지 않은 월급이 꼬박꼬박 나왔으며, 남들이 선망하는 직업 중 하나였기 때문이다. 또 다른 일을 할 용기도 나지 않았다.

그러나 10년 뒤의 모습을 상상했을 때 설레는 어떤 그림도 그려지지 않았기 때문에, 결국 나는 그 일을 그만두었다. 생계를 유지할 수 있는 월급이 나온다는 점이 가장 좋은 그림이었을 뿐, '광고계의 직업 수명이 짧으니 잘려서 일을 못할 수도 있겠구나……' 등등 열정이 결여된 생각만 계속 머릿속에서 맴돌았기 때문이었다.

다시 말해서 그 직업 안에서는 꿈을 꿀 수 없었다. 나는 인생을 그렇게 공허한 마음으로 이어가고 싶지는 않았다. 그것을 타파하기 위해서 나는 다른 직업을 찾아야 했고, 현재 헤드헌터와 커리어 컨설턴트라는 꿈을 이루어가고 있는 중이다. 물론 같은 직종이라도 누군가는 그 속에서 큰 꿈을 발견하고 이루어나가고, 또 누군가는 인생을 허비하고 있다고 생각할 수 있으니, 직업에 대한 갈등은 개인마다 다르게 느낄 수 있다.

우리는 일을 하지 않고 살아갈 수는 없다. 그러나 마지못해 해서는 안된다. 그것은 인생을 허비하는 결과만 가져올 뿐이다. 고되지 않은 직업은 없다는 사실을 받아들이고, 그 속에서 긴긴 여정을 즐길 수 있어야 한다. 만약 당신이 힘들다는 생각 외에 어떤 꿈도 꿀 수 없다면, 'quitter'라는 비난을 무릅쓰더라도 대안을 찾아야 한다. 당신은 직업과 인생의 소중한 주인이기 때문이다.

# 직업에 대한
# 비전을 가져라

비전은 갈림길에 선 당신에게 로드맵을 제시한다.

몇 년 전에『시크릿_The Secret_』이라는 책이 전국을 강타한 적이 있었다. 소원을 이룰 수 있는 비밀을 알려준다는 이 책을 읽고, 실제로 그것을 이룬 사람들의 이야기가 화제가 되기도 했다. 결혼을 간절하게 원하던 사람이 자신의 '반쪽'을 위한 자리를 비워둔 채 침대 한쪽에서만 자다가 마침내 소망이 이루어졌다거나, 고급 스포츠카를 가지고 싶어서 책상 앞에 앉아서도 기어를 작동하는 포즈를 취하며 운전하는 흉내를 내다가 소원을 이루었다는 마법 같으면서도 웃어넘기지 못할 이야기들이 봇물처럼 터져나왔다.

나는『시크릿』의 그 엄청난 '비밀'이 바로 간절한 '생각'이라고 정의하고 싶다. 소망하는 것을 끊임없이 생각하고 간절히 원하

면, 어느 순간 그 소망 속에 있는 나를 발견하게 된다. 그런 일은 경험해본 사람들은 알 것이다. 자신이 원하고 바라는 것에 촉각을 세우고 노력하다보면, 어느새 자기가 그것과 가까이 있음을 깨닫게 되는 것을.

직업도 마찬가지이다. 어떤 직업을 선택할지, 그리고 그 직업에 어떻게 접근해야 할지를 집중해서 생각해야 한다. '비전'은 이때 발현된다. 비전은 사실 그리 대단한 말이 아니다. 무엇을 이루고 싶은지 장기적으로 진지하게 생각하고, 그것에 집중하면 자연히 비전이 세워진다. 좋아하는 일이 있다면, 그 일과 관련된 모든 것에 촉각을 바짝 곤두세워야 한다. 신문이나 TV, 혹은 주변에서 원하는 직업과 관련된 작은 연결점만 찾아도 그것이 고리가 되어 수많은 아이디어로 연결되는데, 그중 몇 가지는 직접 시도할 수도 있다.

만약 하고 싶은 일이 무엇인지 모른다면, 또는 현재 직업과의 부조화로 고민하고 있다면 좋아하는 부분과 싫어하는 부분을 정리하는 것부터 시작하라. 처음부터 하고 싶은 것을 바로 아는 사람은 거의 없다. 생각하고, 또 생각하라.

## 생각의 힘이 방향성을 부여한다

나는 모 방송국의 노래 오디션 프로그램을 빼놓지 않고 보는데, 참가자들의 음악성보다도 그들이 만들어내는 드라마 같은 스토리에 매료되기 때문이다. 수리공으로 일하다가 음악의 꿈을 좇아서 오디션에 지원하여 슈퍼스타가 된 사람도 있고, 시각 장애가 있지만 음악 없이는 못 사는 지원자나, 서른을 훌쩍 넘었지만 10대, 20대 틈에 끼어서 주눅들지 않고 음악을 사랑한다고 외치는 지원자도 있었다.

그들의 사연은 가식이 없는 '진짜'였기 때문에 가슴이 뭉클할 때가 한두 번이 아니었다. 이런 리얼 스토리의 주인공들을 보며, 생각의 힘을 다시 한 번 느끼게 된다. 그들은 자신의 소망을 끊임없이 생각했고, 그것이 열정으로 연결되었다. 그리고 그 열정이 원동력이 되어 꿈이 현실로 이루어졌다. 이것이 바로 생각의 힘이다.

한 가지 경계해야 할 점은, 자신의 생각에만 푹 빠져서 밖의 소리는 모두 소음으로 간주해버리는 태도이다. 이것은 내가 예전에 광고 관련 직업을 선택하며 저지른 실수이기도 하다. 당시에 가장 '핫'한 직업 중 하나였던 광고 일이 나에게는 천직처럼 느껴졌다. 나는 어려서부터 내성적이라는 말에 스트레스를 받으며 자랐다. 그래서인지 사람들 앞에서 근사하게 '크리에이티브'한 광고 전략을 프레젠테이션하는 광고 기획이 내성적인 스스로를 극복하고 새롭게 태어날 수 있는 역동적인 직업으로 여겨졌다. 지금 와서 생각하면, 그 직업의 지극히 일부분만을 보았던 내가 굉장히 순진했던 것 같다.

미국에서 대학원 공부를 할 때 실제로 광고회사에서 일하다가 온 사람들을 만났는데, 그들이 이야기하는 광고회사의 어려움은 귀에 들어오지 않았다. 하나의 생각거리를 만들면 외골수처럼 그 생각만 했지, 눈과 귀를 열지 않았던 것이다. 혼자만의 방점을 찍고 거기에만 집착했다.

생각이 잘 자라려면 자양분이 필요하다. 그 자양분은 다른 사람들의 의견이다. 마음을 열고 자신의 생각을 햇빛과, 바람과, 신선한 공기에 노출시켜야 건강한 열매를 맺을 수 있다는 사실을 기억했으면 한다. 잘 정리된 생각은 올바른 결정을 가져온다. 심사숙고한 결정은 직업에 입문할 때 큰 도움이 됨은 물론이고, 그 이후 직업을 관리할 때에도 반드시 요구되는 필수 요소이다.

생각을 자주 하면 자연스럽게 목표가 생기고, 그것을 어떻게 이룰지 전략이 생긴다. 그 전략을 성공시키고자 스스로에게 동기부여를 하고, 어떤 일부터 할지 우선순위를 정함으로써, 행복한 인생에 한 걸음 더 가까이 가게 된다.

나의 경우만 보더라도, 헤드헌터로 일하면서 '어떻게 하면 더욱 일을 잘할 수 있을까'를 계속 생각하다보니 더 많은 사람에게 다가가기 위해 방송도 하게 되었다. 나아가 기회가 생길 때마다 학생들을 만나서 강의도 하고, 또 이렇게 책도 쓰게 되었다. 이것은 모두 생각을 꾸준히 함으로써 이루어낸 결과물이다.

머릿속에 비전이 있으면, 어떤 일을 하더라도 그것과 맞는지 생각하게 된다. 더불어 비전을 이루기 위해서 어떤 일을 하면 좋을지 고민하게 되고, 스스로 성장하고자 자기주도적인 태도로 노력하게 된다.

## 비전은 불확실성의 시대에 더욱 요구된다

생각이 쌓이고 정리되면, 그것은 곧 미래를 이끌 수 있는 비전이 된다. 어떤 사람은 "내일 당장 어떻게 될지도 모르는데, 먼 미래를 바라보는 것이 현실성이 있을까요?"라고 말하며 비전에 회의감을 보인다.

요즘 같은 경제 상황에는 탄탄해 보이는 기업도 몇 달 뒤 혹은 몇 년 뒤의 일을 예견할 수 없으니, 직업에 대한 장기적인 비전을 가지는 것이 의미가 있느냐는 질문은 나름대로 일리 있게 들린다. 그러나 이토록 환경이 불안정하기 때문에 더욱 장기적으로 나아갈 방향을 모색할 필요가 있다. 경제 상황과 기업의 운명에 당신의 인생이 흔들리도록 내버려두는 것은 목숨을 남에게 맡기는 것과 다름없다. 설령 당신이 다니는 회사가 흔들리더라도, 당신의 직업은 계속되어야 한다.

물론 비전은 무슨 일이 있어도 절대로 바꾸면 안 되는 벽에 걸어놓은 가훈 같은 것이 아니다. 환경이나 삶의 변화에 따라 유연하게 충분히 바뀔 수 있고, 때로는 바뀌어야만 한다. 처음의 비전을 수정한다고 해서 문제가 되는 것은 아니며, 이전의 비전을 따르면서 쌓은 경험이 의미가 없는 것도 아니다. 내가 광고 기획을 첫 직업으로 선택한 것에 대해 후회하면서도, 그때 쌓은 역량이 현재의 직업인 헤드헌터로서의 삶에 큰 자산이 되는 것처럼 말이다.

나는 광고 기획을 하며 다양한 회사와 일했다. 어느 날은 제약회사 사람들을 만나서 약에 대해 이야기하고, 다른 날은 화장품 관련 회사 사람들을 만나서 샴푸의 유래에 대해 들었으며, 또 다른 날은 컴퓨터를 생산하는 사람들을 만나서 IT 제품을 논의

했다. 광고주가 스토리지(storage는 IT 분야에서 데이터 저장 장치를 의미한다)를 이야기하면, 왜 자꾸 창고 이야기를 하는지 궁금해했던 적도 있었다. 이렇게 다양한 기업과 일한 덕분에, 지금 헤드헌터로 일하며 어떤 기업과 만나서 무슨 이야기를 해도 크게 긴장하는 법이 없다.

기업에서 지원자들에게 자주 물어보는 질문 중 하나가 "당신은 10년 뒤에 어떤 일을 할 것 같습니까?"이다. 지원자들은 이 질문을 제일 어려워하면서 나에게 이렇게 말하곤 한다. "10년 뒤에도 이 일을 하고 있을 것이라고, 혹은 이 직장에 다니고 있을 것이라고 말하기가 민망해요. 그렇다고 다른 일을 할 것이라고 말하면 싫어할 테고……."

기업은 당신이 10년 후에 진짜 그 일을 하고 있는지 아닌지를 궁금해하는 것이 아니다. 당신이 비전 있는 사람인지, 방향성을 가지고 사는 사람인지 궁금해하는 것이다. 꿈을 가지고 산다면, 설령 길을 수정하게 되더라도 자기주도적으로 길을 가게 된다는 것을 기업은 잘 알고 있다.

산다는 것은 자신의 직업에 대한 비전을 찾고, 수정하는 과정이다.

# Interview 1
대기업 홈쇼핑 잡화 MD(1983년생 여성)

## "평생 좋아하는 일로 밥벌이하며 행복하게 살고 싶어요"

1년 전쯤 처음 그녀를 만났을 때, 약간은 의례적으로 했던 질문에 대한 그녀의 대답이 오랫동안 기억에 남는다. 정치학과를 졸업한 뒤 어떻게 패션 분야 MD를 하게 되었는지 물었는데, "저는 대학교 때부터 무조건 패션이었어요"라고 대답했기 때문이다. 수많은 피상담자를 만났지만, 많지 않은 나이에 그토록 명확하고 당당하게 평생직업을 이야기하는 사람은 드물었으므로, 그녀가 패션이라는 직업을 선택한 이유가 정말 궁금했다. 그녀는 온라인 쇼핑몰에서 백화점 의류 담당 MD를 하다가, 현재는 홈쇼핑 기업으로 이직하여 명품 잡화 분야 MD를 맡고 있다.

Q: 언제부터 구체적으로 자신의 직업을 패션 분야로 해야겠

다고 생각했나?

A: 대학교 3학년 말에 '밥벌이'에 대해서 심각하게 고민했다. 누구보다도 활동적인 어머니의 영향으로 죽을 때까지 일하고 싶다는 것이 제일 먼저 든 생각이었고, 평생을 행복하게 정말 좋아하는 일을 하면서 살고 싶었다. 그것이 무엇인지 찾아야 했다. 한마디로 내가 좋아하는 일로 밥벌이를 하고 싶었다. 가장 즐거워하는 것이 무엇이고, 어떤 일에 시간을 많이 쏟는지 생각했다. 바로 쇼핑이었다. 쇼핑에서 자연스럽게 패션으로 연결되었다.

Q: 쇼핑을 좋아하는 사람은 많아도 그들이 쇼핑을 직업으로, 그것도 패션 관련 직업으로 연결시키지는 않는다. 직업으로 연결한 또 다른 고리가 있지 않았을까 싶은데?

A: 내가 쇼핑을 정말 좋아하고, 그것에 시간을 많이 투자한다는 것을 새삼 깨달았다. 그리고 또 하나, 감각을 사용하는 일을 하고 싶었다. 어렸을 때의 내 꿈은 화가였다. 그런데 부모님의 반대가 심했다. 계속해서 '크리에이티브'에 대한 로망이 있었다. 두 가지의 접점을 찾다보니, 패션 쪽으로 방향이 잡혔다.

Q: 결심을 했지만 막상 직업으로 진입하기는 쉽지 않았을 것
　 같다. 진입하기 위해서 어떤 노력을 했나? 그리고 패션 안
　 에서도 다양한 직업이 있지 않나?

A: 3학년 때 결심을 한 이후로, 남은 학교생활 동안 패션과 관
　 련하여 경험할 수 있는 일이라면 모두 다 했다. 패션 잡지
　 의 FD(패션 에디터 보조), 동대문 시장 판매 사원, 인터넷 쇼
　 핑몰 운영까지. 심지어 필리핀으로 어학연수를 갔을 때는
　 모델 콘테스트에도 참가하는 등 패션 분야에 연결되는 것
　 은 어떤 경험이든 쌓았다. 패션 전공자가 아니다보니, 무슨
　 일이든지 해서 경험을 쌓는 것이 중요하다고 생각했다. 일
　 단 업계에 발을 들여놓으면, 그 안에서 길이 보일 것이라는
　 희망이 있었다. 비非전공자로서 선택의 여지가 많지 않았
　 고, 지원한 회사들 중에서 유일하게 합격한 곳이 A사의 백
　 화점 의류 담당 MD였다. 다행히 MD 일을 좋아한다.

Q: 구체적으로 지원 과정에 대해 듣고 싶다.

A: 남들은 100~200군데 공채 원서를 쓸 때, 나는 패션과 관
　 련된 기업 10여 곳에만 입사 원서를 냈다. 처음에는 '하나
　 는 되겠지' 하고 생각했는데, 계속 불합격이었다. 패션 비
　 전공자가 지원할 수 있는 포지션에는 한계가 있었고, 매우

절망했다. 다행히 마지막에 A사의 공채에 합격했다.

Q: 합격한 원동력이 무엇이라고 생각하는가?

A: 일관성 있는 경험이 도움이 되었다. 그리고 근성이 중요했
다. '나 스스로 인정할 때까지는 버티겠다'는 생각이 머릿속
에 박혀 있었고, 그것이 다른 사람들의 눈에도 보였다고 생
각한다. 지금도 그것이 내 자신감의 근원이다.

Q: 그 근성을 남들도 인정한다고 생각하는가?

A: 글쎄……. 물어본 적은 없다. 그런데 처음 공채로 입사했을
때에도, 또 이직을 했을 때에도 유학파와 쟁쟁한 스펙을 가
진 사람들을 제치고 항상 그 회사의 핵심 사업부에 배치되
었다. 핵심 업무를 하는 만큼 그곳은 당연히 제일 힘든 부
서였지만, 아마 나를 어디에 데려다놓아도 버틸 것이라고
모두들 생각한 것 같다(웃음).

Q: 현재 직업 관련 고민은 무엇인가?

A: 전문적으로 패션을 공부한 적이 없다보니, 확실히 전문성
이 떨어지는 것을 느낀다. 그 차이를 어떻게 메울지 고민하
고 있다.

Q: 하고 싶은 일이 확실해서 그런지 고민도 생산적으로 하는
   것 같다. 주변에서 부러워하지는 않나?

A: 후배나 친구들이 많이 물어본다. 어떻게 하면 그렇게 하고
   싶은 직업을 찾을 수 있냐고. 큰 비결은 없다. 다만 자신이
   무엇을 좋아하고, 어떤 것에 시간을 많이 투자하는지, 또
   어떤 분야에 가장 애쓰고 있는지 생각해보라고 충고한다.
   그런데 이런 충고를 하면, 잠자기나 TV 보기와 같은 대답
   이 나온다. 물론 TV 보는 것을 정말 좋아하고, 그것에 대해
   서 진지하게 고민한다면, 직업과 연결시킬 수도 있을 것이
   다. 그러나 고민한 흔적이 없는 이야기들을 하니까 솔직히
   좀 답답하다. 무엇으로 '밥벌이'하고 싶은지 진지하게 고민
   해야 해답을 찾을 수 있다.


인터뷰를 하는 동안 그녀가 빈번하게 말했던 '밥벌이'라는 단
어는 단지 '먹고살기 위하여 하는 일'을 넘어 '행복과 즐거움을
느끼는 일'을 의미했다. 그런 직업을 일찌감치 찾은 그녀가 참
멋있어 보였다. 쉽게 얻어진 것이 아니라, 치열한 고민과 경험
으로 얻은 일이란 것이 보였기에 더욱 대견스러웠다.

당신도 자신이 무엇을 좋아하고, 어떤 것에 시간을 많이 투자
하는지, 또 어떤 분야에 가장 애쓰고 있는지 생각해보길 바란다.

# 03

# 떠밀리듯이
# 결정하지 마라

스스로 길을 선택하고 그 선택에 책임을 진다면,
성공은 당신의 것이다.

대학교에 다니는 내 조카는 다른 학생들과 마찬가지로 졸업 후
에 무엇을 할지 고민이 많다. 조카는 이런저런 일에 호기심이 많
아 그만큼 시도도 많이 한다. 모 라면회사가 주최한 광고 공모전
에 20가지가 넘는 아이디어를 제출해서, 입상은 못 했지만 아이
디어 최다 제출자로 선정되어 라면 한 상자를 받고 좋아하는 대
학생이다. 하고 싶은 것이 많아서 그런지, 더욱더 무엇을 해야
할지 모르겠다며 방황하는 것 같다. 헤드헌터로 일하는 이모이
지만, "이런 직업이 좋다"고 충고하기란 쉽지 않다. 그러나 내가
자신 있게 하는 말이 있다.

"시간이 걸리더라도 스스로 결정해라."

직업 때문에 고민하는 당신에게도 이와 같은 조언을 해주고

싶다.

"주도적으로 결정하라."

직업 선택과 관리에 관한 결정은 당신이 지금까지 해온 가장 어려운 결정들 중 하나일 것이다. 그 어렵다는 대학 입학도 기준이 되는 점수가 있는데, 직업을 선택하고 관리함에 있어서는 절대적인 기준이 없어 당황스러울 뿐이다. 나는 많은 사람이 어떤 직업을 선택할지, 이직을 할지, MBA를 갈지 등등 끊임없이 고민하는 것을 보아왔다.

이런 고민을 끝내려면, 그 어떤 것보다도 자기주도적인 태도가 필요하다. 몇 년 전에 한 직장 내 같은 팀의 두 사람이 내게 상담 요청을 해왔다. 물론 두 사람은 그 사실을 몰랐지만, 우연히도 거의 비슷한 시기에 각각 새로운 기회를 만나 고민하고 있었다. 상담 후 한 사람은 이직을 결심하고 직장을 옮긴 반면, 다른 한 사람은 고민 끝에 회사에 남아서 계속 일하기로 했다.

두 사람 중 누가 더 잘 풀렸는지 궁금한가? 현재 두 사람 모두 각자의 자리에서 탄탄한 입지를 쌓고 있다. 선택 이후에 경력을 쌓는 과정에서 두 사람이 보여준 주도적이고 책임감 있는 태도는 나에게 깊은 인상을 주었다. 헤드헌터나 커리어 컨설턴트가 상담과 충고를 해줄 수는 있지만, 정답은 없다. 결국 최종 결정은 스스로의 몫이다. 자신의 결정에 어떻게 책임지는지가 성공

여부를 판가름한다.

## 자기 성찰의 중요성을 인지하라

대학 입시가 끝나자마자 졸업도 하지 않은 고등학생들이 엄마 손에 이끌려 공무원 학원에 등록한다는 한 경제지의 기사를 읽은 적이 있다. 그 학생들의 머릿속에 하고 싶은 일과, 원하는 인생에 대한 그림이 있을지 의문스럽다. 엄마에게 이끌려서 직업의 선택이 떠넘겨진 그에게 그 일이 생계 수단을 넘어 다른 의미가 있을까? 요즘 같은 불경기에 생활을 가능케 하는 직업이 있다는 것만으로도 참 감사한 일이라고 생각할 수 있다. 그러나 자신에 대한 성찰 없이 직업을 선택하는 것은 직업의 만족도뿐만 아니라, 삶의 만족도까지 위협할 수 있는 위험한 태도이다.

'본인에게 맞는' 직업과 직장을 찾는 문제는 인생에서 가장 큰 비중을 두고 고려해야 할 부분이다. 자기 성찰이 결여된 직업 선택은 진열된 옷이 예쁘게 보인다고 어울릴지 어떨지 생각하지 않고 무조건 구매하는 것과 마찬가지이다.

연봉에만 이끌려 모 대기업으로 이직한 피상담자는 빡빡한 기업문화에 힘들어하며, 본인의 성향을 간과했다고 후회했다. 또 안정적인 직업을 희망하면서 회계사가 된 최 과장은 자로 잰 듯한 업무에 힘들어했다. 역동적이고 창의적인 일이 하고 싶어서 광고 기획을 선택한 내가 못 견뎌했던 이유도 마찬가지였다. SNS 쇼핑이 전망 있다면서 해당 업계로 움직인 이씨는 들쑥날쑥한 업계의 상황이 싫다고 했다. 누군가에게는 흥미진진한 환경일 텐데 말이다. 이런 예들은 모두 자기 성찰이 결여되고, 본인에게 맞는 일인지에 대해 고민이 부족했기 때문이다.

대부분의 사람들이 입시 전쟁과 취업 전쟁에 시달리다가 곧바로 사회에 입문하게 되니, 어찌 보면 자기 성찰을 할 시간이 없었던 것이 당연하다. '남들이 하니까 나도 한다'는 식의 태도는 직업을 주도적으로 선택하고 관리하는 것과 점점 거리가 멀어지게 만든다. 본인이 원하는 삶에 근접하기 위해서는 자기 성찰이 기본이 되어야 한다.

단지 '가장 안정된 직업이 무엇일까?'라는 질문에 답하는 것이 당신이 원하는 직업에 대한 정답은 아니다. 직업을 관리한다는 의미 역시 더 높은 연봉을 받고, 더 편한 직장으로 옮기는 것이 아니다. 직업 관리는 당신이 원하는 삶에 한 발 더 다가가는 중요한 여정임을 잊지 않았으면 한다.


## 스스로의 결정에 책임을 져라

6개월 전에 이직한 최씨로부터 전화를 받았는데, 목소리에 기운이 없었다. 이유를 물어보니 "제가 맡은 품목의 한국 판매 실적이 안 좋다보니 일이 힘들고, 위로부터 압박도 많이 받습니다. 너무 힘들어요. 아무래도 잘못 선택한 것 같습니다"라는 답변이 돌아왔다. 최씨는 전 회사에서는 기업문화가 너무 보수적이라고 힘들어했다. 다행히 지금 회사에서 그 부분은 많이 편해졌다고 한다. "분위기는 자유롭고 편합니다. 그런데 예전 회사에서는 잘 팔리는 품목의 담당이어서 지금과 같은 어려움은 없었거든요."

그는 6개월 전 이직 면접을 볼 때, 다국적 회사라면 품목이 무엇이든지 상관없다고 말했다. 새로운 회사의 해당 팀장이 최씨가 맡을 브랜드의 한국 영업 실적이 좋지 않아서 일이 힘들 것이라고 이미 설명했고, 그는 그런 것이라면 충분히 각오가 되어 있다고 오히려 팀장을 설득했다. 그랬던 그가 6개월 만에 그 점에 대한 불만을 이야기하며 전화를 걸어온 것이다.

이렇게 최씨처럼 행동하면, 어떤 일을 해도 만족할 수 없다. 최씨의 어려움을 이해 못 하는 것은 아니지만, 본인의 결정에 대해 6개월도 못 가서 후회를 하고 포기한다면, 결국 손해를 보는 것은 자기 자신이다.

자신의 결정에 책임을 지며, 선택한 기회를 자기 것으로 만들기 위해 노력하는 과정은 성공적인 직업 관리를 위한 필수 요소이다. 앞에서 이야기한 같은 팀의 두 사람이 이직의 갈림길에서 서로 다른 결정을 했지만, 현재 둘 다 잘해내고 있는 것처럼 이직은 단순히 하느냐, 안 하느냐의 결정으로 끝나지 않는다. 이직을 하지 않더라도 남아서 어려움을 이겨내고 두각을 보이면, 그 나름대로 좋은 기회를 끌어당길 수 있다. 반대로 이직을 한다면 그 또한 본인의 결정이니, 최고의 결과를 내기 위해서 노력해야 한다.

직업을 바꾸거나 회사를 옮긴 후 처음 몇 달간은 매우 만족하던 사람들이, 시간이 지나고 어느 정도 적응이 되면 전과 비슷한 불평불만을 쏟아내기 시작한다. 자신의 결정에 책임지는 성숙함을 보이는 사람은 힘든 시절을 잘 이겨내고 한 단계 전진하지만, 그렇지 않은 사람은 오히려 퇴보한다. 직업 안에서 성공하는 기본은 스스로의 결정에 책임을 다하는 마음가짐이다.

# 04

# 계산되지 않는 혜택과 비용도 계산해야 한다

연봉이 전부가 아니다. 당신이 추구하는 것과
불편해하는 것을 잘 이해하고, 그에 맞는 기회를 찾아라.

"결국은 돈이야." 신입 사원 시절 나를 앉혀놓고, 선배로서 하는 충고라며 진지한 표정으로 말했던 그녀가 생각난다. 그녀를 다시 만나면, 돈은 매우 중요하지만 전부일 수는 없다고 정정하고 싶다. 직업을 결정할 때, 많은 사람은 연봉만 많이 주면 다른 것들은 모두 참을 수 있다고 이야기한다. 그러나 대부분의 경우 그(또는 그녀)의 착각이다.

얼마 전에 만난 국내 굴지의 대기업에 다니는 박씨는 이렇게 토로했다. "B사에서 제안을 받고 옮겼습니다. 모두가 가고 싶어 하는 업계 1위 회사죠. 당연히 연봉도 높고, 가지 않을 이유가 없었어요. 그러나 지금은 후회합니다. 저는 대기업의 문화와 맞지 않네요. 그리고 업무를 하면서 윤리적인 갈등도 계속 느낍니다. 이 회사의 비즈니스 관행이 저의 가치관과 차이가 커요.”

대기업에 다니면서 높은 연봉을 받는 사람이 배부른 소리를 한다며 무조건 비난해서는 안 된다. 연봉이 전부라면 직업 관리는 한결 쉬울 것이다. 연봉 하나만 보면 되고, 다른 요소들로 마음이 부대낄 이유가 없으니 말이다. 그러나 나는 돈에만 집중한 선택이 나중에 적지 않은 무리수를 부르는 사례를 종종 보아왔다.

직업을 결정할 때 가장 우선시되어야 하는 것은 당신이 무엇을 추구하는지, 당신이 불편해하는 부분과 어느 정도 타협할 수 있는지를 정하는 일이다. 특히 직장생활을 해본 경력자라면, 자신이 원하는 것을 깨닫고 나서 그에 맞는 선택을 해야 한다. 절이 싫으면 중이 떠나야 한다고 했지만, 현명한 중은 왜 그 절이 맞지 않았는지 생각한 후에 자신과 잘 맞는 절을 찾아 나설 것이다.

## 무형의 혜택을 무시하지 마라

내가 예전에 살았던 동네에는 자주 가던 작은 이탈리아 레스토랑이 있었는데, 그곳의 주인이자 셰프가 한때 미국에서 억대 연봉을 받으며 금융업계에 근무했음을 우연히 잡지에서 읽게 되었다. 그녀는 고연봉의 매력이 주방 바닥에서 투박한 감자를 깎고 요리하며 느끼는 재미만 못했기 때문에 요리사로 전업했다고 말했다. 누군가는 그녀를 현실을 모르는 사람이라고 말할 수도 있다. 그러나 내가 보기에는 오히려 현실과 인생에 대해 누구보다 더 잘 아는 사람인 것 같다.

직업에서 고려해야 할 중요한 사항 중 하나는 분명히 연봉이지만, 그것이 전부는 아니다. 간과하기 쉽지만, 반드시 무형의 혜택을 헤아려보아야 한다. 돈으로 정확히 환산할 수는 없으나 돈만큼, 때로는 돈보다 더 중요한 혜택들이 있다. 개인에 따라서 추구하는 혜택은 상대적으로 다르다.

앞의 박씨는 "저의 윤리관에 부합하는 회사의 비즈니스 스타일이 개인적으로 중요하다는 사실을 깨달았습니다"라고 말했다. 모든 사람이 대기업을 선호하는 것은 아니며, 그 역시 기업의 규모와 상관없이 자신만의 선택 기준이 있었다. 얼마 전에 만난 또 다른 직장인도 연봉을 적지 않게 낮추며 다른 기업으로 이직했다. 그녀가 원한 것은 일과 개인 시간의 밸런스였다.

다음은 여러 직장인이 털어놓은 자신이 느낀 무형의 혜택들이다.

"트렌드를 이끌어간다는 자부심이 큽니다."
"정말 좋은 사람들을 만났습니다."

당신은 어떤 혜택을 찾는가? 무형의 혜택과 연봉을 어느 정도로 균형을 맞춰야 할지 생각해볼 일이다. 당신이 받아들일 수 있는, 더 나아가 행복을 느낄 수 있는 무형의 혜택을 반드시 고려하길 바란다.

## 연봉 뒤에 숨은 기회비용을 계산하라

"퇴근 후에 약속 잡을 생각은 하지도 못합니다. 주말도 없어요."

김 과장은 연봉을 크게 인상하며 대기업 기획직에서 다국적 컨설팅 회사의 컨설턴트로 직업을 바꾸었다. 그는 연봉에는 신경을 썼으나, 연봉 뒤에 숨은 기회비용까지는 살펴볼 여유가 없었던 것 같다. 결국 김 과장은 급격하게 줄어든 개인 시간에 힘들어했다.

현재 세계적인 컨설팅 회사에 재직 중이지만, 연봉을 낮춰서라도 C사의 연구원으로 전직하고 싶다는 또 다른 컨설턴트는 개인 시간의 보장과 업무 스트레스의 감소를 직업 선택의 가장 중요한 요소로 꼽았다. 그는 지금 몸담고 있는 회사의 살인적인 업무 시간을 더 이상 견디지 못하겠다고 하소연했다.

높은 연봉에는 이유가 있다. 대부분의 경우 그만큼의 시간 투자와, 막중한 책임감과, 높은 스트레스를 동반한다. 연봉이 전부라면 굴지의 대기업 임원이 자살할 이유가 없지 않겠는가. '세상에 공짜는 없다'는 말에 공감이 간다.

높은 연봉 뒤에는 숨어 있는 비용이 있다. 당신이 그 비용을 기꺼이 지불할 의사가 있는지 판단하라. 그러나 오해하지 말길 바란다. 고연봉의 고강도 업무가 무조건 나쁘다는 의미는 아니다. 당신이 그것을 감내할 수 있고, 감내할 의사가 있는지가 핵심이다.

## 감당할 힘은 자기 안에 있다

글로벌 IT 컨설팅 회사에서 일하고 있는 한 지인은 살인적인 업무 시간을 자랑하지만, 그 부분을 각오하고 간 터였다. "내 연봉을 시간당 급여로 계산하면, 아르바이트로 일하는 직원 정도야. 어제도 밤샘 근무를 했어"라고 웃으며 자조적인 목소리로 말했으나, 그는 심지 곧게 일하고 있는 듯했다.

대부분의 근로 계약서는 근무 시간이 아침 9시부터 저녁 6시까지로 명시되어 있지만, 이 기준을 제대로 지키는 회사는 많지 않다. 위의 지인처럼 저녁 6시가 때로는 오전 6시가 되기도 한다. 따라서 연봉이 많다고 무조건 좋아할 일이 아니다. 오히려 시간당 급여로 계산하면 박봉일 수도 있다. 현실적으로 당신의 연봉은 '9 to 6'에 맞춰 계산된 것이 아니다. 당신이 받게 될 연봉이 과연 어느 정도의 노력과 시간 투자를 의미하는지 알고 가는 것이 바람직하다. 그러므로 감내할 의지가 있는지 자문한 후 선택해야 한다.

나는 컨설팅 회사에서 일하는 그 지인에게 그곳을 그만둘 생각이냐고 물었고, 그는 이렇게 대답했다. "지금은 한계 지점까지 나를 한번 밀어붙이고 있어. 모르고 들어온 것도 아니고. 내가 더 이상 못 하겠다고 하면, 그때 옮길 만한 곳을 찾아줘."

직업을 향한 그의 성숙한 태도에 나는 매우 흐뭇했다.

## Interview 2
국내 엔터테인먼트 기업 경영기획(1977년생 남성)

"계속 빠져나가는데, 채워지지는 않는 느낌이었어요.
위기였죠. 몸값을 높이는 것은 저의 목표와는
거리가 멀었어요. 연봉보다는 즐겁게 일하고 싶다는
마음이 간절했으니까요"

정씨는 국내 최고 기업에 공채로 입사하여, 경영기획 부서에서 7년 동안 일했다. 그런데 그가 몇 달 전 국내의 모 엔터테인먼트 회사로 이직했다. 이전 회사에서는 성과급을 포함해서 9천만 원이 넘는 연봉을 받았는데, 이직하면서 총 수령액 기준을 20퍼센트가량 낮추었다.

Q: 공채로 들어가서 7년 넘게 근속했는데, 국내 최고 기업을 나온 이유가 무엇인가?

A: 한마디로 이야기하면, 계속 빠져나가기만 하고 채워지는 느낌이 들지 않았다. 소진되는 기분이었다. 상당히 오랫동안 발전하는 느낌을 받지 못했다. 버틸 수도 있었지만, 그

렇게 되면 이후에 정말로 남는 것이 없을 듯한 위기의식에 사로잡혔다. 즐겁게 일할 수 있는 곳으로 가고 싶었다. 또하나, 대기업에서 일하다보니 회사에 묻힌다는 생각을 많이 했다.

Q: 보통 대기업에 다니면 회사 이름만 들어도 사람들이 어느 정도 인정해주는 경향이 있는데, 회사에 묻힌다는 것이 무슨 뜻인가?

A: 대기업에서 일하면, 업무 범위가 확실히 작아진다. 업무가 자잘하게 분류되어 있기 때문이다. 퇴사하고 다른 곳에 지원서를 넣으면서 그 점이 더욱 크게 느껴졌다. 주도적으로 프로젝트를 진행한 경험을 쓰라고 하는데, 나는 쓸 내용이 없었다. 매번 주어진 일만 열심히 했지, 주도적으로 일하기 힘든 환경이었다.

Q: 성과급이 상당한 회사인데, 그것을 포기하고 나온다는 게 쉬운 결정은 아니었을 것 같다.

A: 대기업에 재직 중일 때 친구들과 만나서 서로의 직장생활에 대한 어려움을 이야기하다보면, "그래도 너는 연봉을 많이 받잖아"라는 반응이 나왔다. 그래서 '내가 연봉을 많

이 받는구나' 하고 막연하게 생각은 했었다. 대기업에서 나오면 동일한 수준의 연봉을 받기 어렵다는 점은 각오한 바였다. 몸값을 높이는 것은 나의 이직 목표와는 거리가 멀었다. 연봉보다는 정말 즐겁게 일하고 싶다는 마음이 간절했다.

Q: 연봉이 목표는 아니었고, 심지어 깎일 각오를 했다지만, 그래도 최소한 이 정도는 받아야 한다는 생각이 있었을 텐데?

A: 워낙 성과급이 많은 회사였기 때문에, 기본급 수준이 비슷한 곳으로 가면 되겠다고 목표를 세웠다. 현재 다니는 회사에서 기본급은 맞춰주었고, 성과급이 예전만큼은 아니지만 어느 정도는 되니, 그것으로 만족한다.

Q: 대기업이 주는 네임 밸류name value랄까, 그런 것에 대한 아쉬움은 없나?

A: 남들이 다 알아주는 회사, "○○에 다닌다"고 어디서나 자신 있게 말할 수 있는 것은 분명 장점이었다. 그러나 나 자신이 그 부분에 연연해하지 않는다면, 회사 규모는 중요하지 않다고 생각했다. 나에게는 그 부분이 더 이상 중요하

지 않았다.

Q: 즐겁게 일하고 싶어서 나왔다고 했는데, 처음부터 엔터테
인먼트 업종으로 바꾸기를 원했나?

A: 그렇지는 않다. 대기업을 퇴사하기 1년 반 전부터 여러 가
지 시도를 했는데, 시행착오를 겪으면서 많은 생각을 하게
되었다. 처음에는 공기업에 신입 사원으로 지원하기도 했
고……. 물론 다 떨어졌다. 퇴사 후에는 완전히 직종을 바
꿔볼 생각으로, 모 기업의 공연기획 분야에도 지원했다.
이렇게 무모한 도전을 하다보니 될 수 있는 것, 안 되는 것
에 대한 감이 잡히면서 현실적이 되었다.

Q: 그 말은 처음에는 업종과 직무 전환을 둘 다 의도했는데,
나중에는 업종 전환만으로도 만족했다는 이야기인가?

A: 그렇다. 처음에는 업종과 직무 모두 바꾸고 싶었다. 그러
나 시행착오 끝에 현실감각을 갖추게 되었고, 이번에는 한
단계만 가자는 결론을 내렸다. 바로 직무 변경은 무리였
고, 일단 업종을 바꾸고 나서 좀 적응하면 그때 직무도 변
경되기를 바랐다. 지금은 경영기획 일을 하고 있지만, 이
후에는 전략기획 분야의 일을 하고 싶다.

Q: 그렇다면 엔터테인먼트 업종을 구체적으로 생각한 때는 언제인가?

A: 막연히 좋아하는 분야이기는 했다. 예전부터 친구들이 농담 반 진담 반으로 "너는 엔터테인먼트 쪽으로 가야 한다"고 할 만큼 관심이 있었다. 그러나 졸업 후 신입으로 들어가서 계속 일한 회사가 제조업이었기 때문에, 워낙 거리감이 있어서 이쪽 분야의 일을 할 생각을 못 했다. 그러다가 이 분야의 제안을 받고 나서 '아, 나도 이런 업종으로 도전할 수 있겠구나'라는 생각을 하게 되었다. 사실 원하던 바가 이렇게 이루어졌다는 사실이 믿기지 않을 정도이다.

Q: 이직 후 어떤 부분이 좋은가?

A: 이야기한 대로, 업종이 내가 관심 있는 분야인 덕에 일하기가 즐겁다. 그리고 기업의 규모가 작아서, 일할 수 있는 업무 범위가 넓은 것도 마음에 든다. 기업문화 면에서도 빡빡한 제조업보다 어느 정도 자유로운 여기 분위기가 나에게 더 맞는 것 같다.

그로부터 이런 변화를 가능케 해주어 고맙다는 인사를 받았지만, 변화의 씨앗과 방향성은 이미 그의 마음속에 있었다. 나는 단지 그 방향성과 갈망에 답했을 뿐이다.

연봉이라는 기득권을 포기하고 나오기란 쉽지 않다. 그러나 그는 추구하는 바가 확실했고, 연봉만 보며 계속 회사를 다닐 경우 나중에는 남는 것이 없으리라는 위기의식을 깊이 느끼고 있었다. 원하는 일을 찾아간 그는 훨씬 행복해 보였다.

# 05

# 작은 기회에
# 연연하지 마라

기회를 보내야 진정한 기회를 잡을 수 있다.

페이스북의 CEO인 마크 저커버그가 2012년에 영국의 TV 채널 BBC와 한 인터뷰를 보며, 큰 기회를 잡기 위해서 작은 기회를 보낸 그의 통찰력이 돋보인다는 생각을 했다.

"지금까지 거절하기 제일 어려웠던 유혹은 야후가 10억 달러를 제시했을 때였죠. 그때는 우리 회사의 가치가 얼마나 되는지 전혀 모르는 상황이었으니까요. 처음으로 큰 제안을 받은 것이었고, 주변에서는 다들 팔아버리자고 했었죠."

저커버그의 입장이 되어 초보 사업가로서 10억 달러를 제안받았다고 생각하면, 쉽게 거절의 말이 나왔을까 싶다. 병아리 사업가에게 자그마치 1조 원 이상의 제안이 들어온 것이다. 물론 그는 페이스북을 야후에 매각하지 않았다. 야후가 10억 달러를 제안한 1년 뒤 마이크로소프트로부터 150억 달러의 제안이 있었는데, 그는 오히려 이것은 거절하기 수월했다고 말했다. 만약 야후가 제시한 10억 달러라는 기회를 잡았다면, 이후 150억 달러의 제안은 물론이고 지금의 마크 저커버그와 페이스북은 존재하지 않았을 것이다. 큰 기회를 잡아낸 그의 통찰력은 직업 관리에도 필수적인 요소이다. 지금 작은 기회를 써버리면, 이후에 큰 기회를 잡기 어렵다.

이씨는 또래 동료들이 팀장일 때, 운 좋게도 한국에 진출한 소규모 외국계 회사의 대표를 맡게 되었다. 사실 그 자리는 많은 사람이 기피했는데, 글로벌 시장에서 그 회사가 곧 문을 닫을 것이라는 소문이 파다할 만큼 경영 상태가 나빴고, 국내 진출 동기에 설득력이 없었기 때문이다. 다시없는 기회를 잡았다고 좋아한 그였지만, 시장의 우려대로 그 기업은 몇 년 후 경영 악화로 인해 한국에서 철수하고 말았다.

이미 대표 자리를 경험한 그는 이제 팀장 자리에는 눈도 돌리지 않는다. 큰 회사는 상대적으로 연차가 적은 그를 높은 직급으로 데려가는 것에 당연히 부담을 느낀다. 결국 대표로서 의미 있는 경력을 만들지 못한 그는 몇 년째 방황하고 있다.

## 기회를 보내야 기회를 잡는다

인간의 어리석음에 대해 불교에서 말하길, 쥐약이 들어 있음에
도 불구하고 눈앞의 맛있어 보이는 것에 탐닉하는 쥐와 같다고
했다. 이처럼 우리는 살면서 기회를 잡았다고 좋아하지만, 이후
생각해보면 모든 기회가 다 좋은 것은 아니었다. 오히려 그중에
는 결과적으로 해를 끼친 기회도 분명 있었다. 일하면서 만나게
되는 모든 기회가 상승 작용을 일으키는 것은 아니다. 함부로 아
무 기회나 잡으면, 정작 큰 기회는 오지 않는다. 그리고 만약 큰
기회가 오더라도 잡기 어렵다.

　유난히 연봉에 민감한 김씨는 이직을 반복하면서, 연봉이 상
승하는 것에 재미를 붙였다. 그러나 연봉 인상의 기회에만 관심
을 쏟고 무분별하게 이직하다보니, 한 기업에서 지긋이 일하며
가시적인 성과를 낼 수 없었다. 연차만 쌓았을 뿐 내놓을 만한 성
과가 없는 그는 이제 더 이상 매력적인 러브콜을 받지 못하고 있

다. 결국 작은 기회만 잡다가 스스로 큰 기회를 봉쇄한 것이다.

직업 관리에서도 기회의 수 자체가 무한정이 아니며, 제한되어 있음을 인식해야 한다. 당신 스스로 기회를 판단할 안목을 키우고, 기회들을 선별해서 잡아야 한다. 마크 저커버그가 처음으로 받은 제안을 거절할 수 있었던 것은, 자신에 대한 믿음과 기회를 읽는 통찰력이 있었기 때문이다.

판단을 내릴 때, 다음의 질문을 기준으로 다시 한 번 생각해보자.

1. 단발성 기회는 아닌가?
일회성 기회인가, 아니면 이후에 더 큰 기회를 가져올 수 있는 기회인가. 장기적인 길이 보이는가.

2. 기회 뒤에 숨은 어려움이 있는가?
파격적인 제안 뒤에 숨은 어려움이 있는가. 그것은 감내할 수 있는 어려움인가.

3. 성장 가능성이 있는 기회인가?
기회 안에서 계속 발전할 수 있는가. 자신이 열정을 쏟아부어 하고 싶은 일인가.

제대로 비교하고 그 기회를 잡았다면, 이제 스스로의 선택에 책임지고 노력하는 일만이 남아 있다. 냉정하게 들릴지라도, 그것을 결정하는 사람은 바로 당신이다.

## 결정은 차가운 머리로 하라

좋은 기회를 잡기 위해서는 냉정함이 요구된다. 다국적 주류 업체의 브랜드 매니저로 오랫동안 일하면서, 새로운 일을 하고 싶다고 계속 이야기해온 후배가 있다. 그와 만났는데, 자신이 정말 좋은 기회를 잡았다고 흥분된 목소리로 말했다. "제가 보기에는 좋은 기회인데, 주변에서는 자꾸 말려요. 연봉도 좋고, 오랜만에 온 기회인데……."

그는 작년부터 직업에 변화를 주고 싶어서 몸이 달았으나 잘 풀리지 않은 상황에서, 그 제안을 받고 약간 들떠 있었다.

사실 그 자리는 상당히 오랫동안 적임자를 찾았지만, 꽤 많은 사람이 거절한 상태였다. 또한 그 회사에 붙박이처럼 있는 직속 상사의 성향이 워낙 독특해서 맞추기가 쉽지 않다는 소문도 자자했다. 그 역시 그런 상황을 대충 알았지만, 자기는 할 수 있다고 말했다. 그러나 내가 아는 그 후배는 그렇게 강단이 있는 타입이 아니었다. 주변에서 모두 반대해도, 그는 무조건 자신 있다고 말했다. 안타깝게도 그가 나에게 온 이유 역시 자신의 결정을 스스로 합리화하기 위한 것으로 보였다.

우리는 어떤 경우에 기회를 크게 받아들이는가? 다급하고 불만족스러울 때, 즉 무조건 '탈출'하고 싶을 때이다. 모든 제안이 매력적으로 들리고, 지금보다는 나을 것이라는 근거 없는 예감이 든다.

그러나 현재에 만족을 느끼지 못하는 상황에서 빨리 움직이고 싶은 사람일수록 본인의 결정이 작은 기회를 덥석 무는 실수를 저지르는 것은 아닌지 거듭 생각하라. 마음이 급할 때는 판단력이 흐려지므로, 제3자의 의견에도 귀를 기울여야 한다. 나는 후배에게 이렇게 충고했다.

"스스로를 설득하려고 노력하지 마. 지금 잡지 않으면 좋은 기회가 다시 오지 않을 것이라는 생각은 너의 착각일 수 있어."

기업의 채용 의뢰를 받고 여러 후보자를 접촉하면, 공고 내용을 잘 듣거나 깊이 생각하지 않고 바로 지원하겠다는 사람이 많다. 위의 후배처럼 현재의 직업에서 벗어나고 싶거나, 새로운 기회라면 무조건 좋다고 반기는 경우이다. 신중하지 못한 태도는 외부에서 볼 때 마이너스 요인이 된다.

열의가 있는 것과 다급한 것은 다르다. 전자는 긍정적인 요소이지만, 후자는 이성이 결여되어 있다. 기회 앞에서는 머리를 차갑게 하고 생각하자.

# 06

# 입사 첫날부터
# 사직서를 써보라

일을 하는 즐거움과 의미는 스스로 끌어내야 한다.

일에 지쳐 파김치가 되어 퇴근하는 날이면 새로운 하루, 새해, 새로운 직장 등 'new'라는 개념 없이 과연 살아갈 수 있을지 생각하게 된다. 새 직장으로 첫 출근 후 1주일간 품었던 마음가짐이면, 세상에 하지 못할 일은 없을 듯하다.

그러나 이러한 'new'가 사라지면, 이내 어렵고 괴로워한다. 새 직업을 시작하고 처음에는 만족도가 매우 높지만, 얼마 지나지 않아서 의욕이 급격히 떨어져버리는 경우가 적지 않다. 활기가 넘치는 '허니문' 기간이 끝나면 열심히 하려던 의지는 온데간데없이 사라지고, 자기 직업의 나쁜 점만 보인다.

대기업에 들어가기만 하면 소원이 없겠다던 1년 차 직장인 황씨 역시 1년 전 합격하며 품었던 꿈과 열정이 사라진 지 오래이다. 그는 고작 입사 1년 만에 다른 곳으로 옮기려는 생각뿐이다. 또는 오랜 구직 활동을 마감하고 어렵게 취업한 사람도 몇 달 지나지 않아 직장생활에 시들해지고 고달픔만 느낀다.

연차가 쌓인 직장인도 마찬가지이다. 또 '김 부장'만 없다면, 혹은 연봉이 이 정도만 오른다면 소원이 없을 것 같다가도, 그것이 충족되면 새로운 즐거움은 아주 잠깐이고 다시 시들해진다. 결국 수동적으로 이런저런 직장을 오가다가 곧 다른 기회를 찾아나서지만, 계속 비슷한 패턴이 반복될 뿐이다.

직업이 주는 즐거움과 의미를 스스로 찾지 못하면, 환경이 바뀌더라도 아무 소용이 없다. 직업 환경이 바뀌면 잔재미는 생길지 모르나, 일함으로써 얻을 수 있는 근본적인 성취감은 느끼기 힘들다. 당신은 지금 어떤 마음으로 일하고 있는가?

## 스스로 동기부여를 하라

앞서 말했듯이, 나는 헤드헌터가 되기 전 광고회사의 기획자로 일했다. 이 분야는 "AE account executive로 몇 년만 일하면, 세상에서 못 할 일이 없다"는 소리가 나올 정도로 다양한 업무를 한다. 고객사와 밀접하게 일하다보니, 광고주가 요구하는 일의 범위가 어떨 때는 '이런 일까지 해야 하나'라는 생각이 들 만큼 넓어서 회의감에 빠지는 경우도 있었다. 게다가 새벽까지 일하는 날이 많아 몸이 지치는 것은 말할 필요도 없었다. 나처럼 고민의 수위가 깊은 동료가 있었는데, 그가 했던 말이 지금도 생각난다.

"대체 내가 왜 이 일을 밤늦게까지 하고 있는지 이해가 안 되는 거야. 이 일이 내 인생과 무슨 상관이 있다고. 이런 일 때문에 밤샘하는 게 내 인생에서 무슨 도움이 될까?"

이 말을 들으며 나 역시 마음이 허전했다. 똑같은 일을 하는 다른 누군가는 의욕에 넘쳐 열심히 살고 있었을 텐데 말이다.

지금 생각해보면, 분명히 직업과의 부조화도 큰 영향이 있었지만, 당시에는 어떤 직업을 가졌더라도 열정을 느끼지 못할 만큼 나는 매너리즘에 빠져 있었던 듯하다.

아무리 남들이 "당신은 보람되고 재미있는 일을 하고 있어!"라고 말해도 스스로 느끼지 못하면 아무 소용이 없다. 스스로에게 동기를 부여하는 것이 중요하다. 자신의 인생에서 직업이 어떤 의미인지, 직장생활을 하는 이유가 무엇인지, 생계를 이어가는 수단 이외에 어떤 목적이 있는지 생각하라.

나는 헤드헌터로 일하면서 많은 직장인을 만나고, 그들의 고민을 들은 후 도움을 주는 과정이 즐겁다. 헤드헌팅을 하면 경제 상황과 세상의 흐름에 자연히 민감해지는데, 예전에는 관계없다고 느끼던 세상사에 관심이 가고, 내가 사회의 일부분임을 다시금 깨닫게 된다.

많은 사람이 좀 더 의미 있는 일, 좀 더 즐거운 일을 하길 희망한다. 그러나 직업을 바꾸고 회사를 옮기더라도 스스로 일할 동기를 부여하지 않으면, 인생의 많은 부분에서 방향성을 잃고 시간을 흘려보낼 수도 있다. 스스로 일하는 당위성을 찾고, 직업이 자신에게 어떤 의미인지, 직업을 통해 어떤 인생을 추구하는지 검토하는 노력이 필요하다. 그래야만 직업에서 진정한 즐거움과 보람을 찾을 수 있으며, 그로 인해 당신의 삶은 더욱 의미 있고 윤택해질 것이다.

## 사직서를 미리 적어보라

'미리 쓰는 유언장'이라고 들어보았을 것이다. 나이에 상관없이 미리 유언을 쓰는 경험은 삶의 소중함과 가치를 일깨우는 시간이 된다. 고등학생 때 워크숍에 참가했던 한 친구가 미리 유언을 쓰면서 펑펑 울었다는 이야기가 떠오른다. 삶의 마지막을 생각할 나이와는 거리가 먼 10대 소녀가 눈물을 흘렸던 까닭은 진지하게 인생을 생각하는 시간을 가졌기 때문이다.

유언장을 미리 쓰는 것처럼, 사직서도 미리 쓴다고 상상해보자. 특히 어떤 곳에서도 자신을 더 이상 원하지 않아 마지막으로 쓰는 사직서라는 가정을 하고 작성해보자. 그런 다음 만약 다시 일할 기회가 생기면 직업이 자신에게 어떤 의미이며, 앞으로 어떤 마음가짐으로 일할지 생각해보길 바란다. 이런 경험은 현재 하고 있는 일이 '정말 아니야'라고 판단되는 당신에게 열정을 느낄 만한 일이 과연 무엇인지 가슴 깊이 생각하는 기회가 된다. 또 의미 없는 업무 때문에 인생을 낭비하는 것은 아닌지 되돌아보는 계기도 된다.

나는 만족감이 없는 직업을 인내심 하나로 견뎌내라는 말에 적극적으로 반대한다. 일도 궁극적으로 행복한 삶을 위한 것인데, 일을 하며 하루하루가 괴롭다면 그 속에서 어떤 의미를 찾을 수 있겠는가. 직장생활은 기본적으로 그렇게 호락호락하지 않으므로, 그 속에서 어떤 마음가짐과 의미를 가지는가에 따라서 버텨내는 힘이 생긴다. 더 나아가 그 힘은 일을 즐기는 원동력이 된다.

곧 쉰 살이 되는 구직자를 만난 적이 있다. 그는 소규모 다국적 기업의 임원으로 일하다가 퇴사하고, 다시 구직 활동을 하는 중이었다. 소위 '스펙'이 정말 화려했다. 국내 최고 사립대학교 출신에다가 그 옛날에 미국의 명문 사립대학원을 나왔고, 여러 나라에서 거주한 경험도 있었다. 그런데 이력서를 검토해보니, 꾸준한 하향 곡선이 발견되었다.

그는 직업 관리가 전혀 되지 않은 상태였는데, 일에 대한 열정이 없기 때문이라는 것이 짧은 대화만으로도 느껴졌다. 높은 스펙에 힘입어 시작은 좋았으나, 일에 대한 의욕이 없어서 쉬운 일만 찾다보니 직업 관리 곡선이 점점 아래로 내려가게 된 것이다. 그에게 본인의 세컨드 커리어를 위해서라도 사직서를 미리 써보라고 권하고 싶다.

당신 또한 사직서를 미리 작성하고, 열정을 쏟을 직업에 대해 진지한 고민을 해보길 권한다. 습관처럼 하고 있는 일이지만, 그것은 당신을 발전시키고 하루하루를 의미 있는 삶으로 만드는 가장 큰 원동력임을 잊지 말기 바란다.

# Part 2

## 긴 호흡과 넓은 시각으로 관리하라

성공적인 직업 관리를 위해서는
장기적으로 큰 그림을 그려야 한다.

# 07

# 연차가 아닌 경력을 쌓아라

**경력을 쌓으면 '노하우를 가진 사람'으로 평가받는다.**

나는 요즘의 수능 세대에게는 생소하게 들리는 학력고사 세대이다. 학력고사 결과 발표일이면 전국이 수석 합격자 이야기로 들썩였는데, 어려운 환경을 딛고 혼자 묵묵히 공부해서 서울대에 입학한 사례는 더욱 화제가 되었다. 추위로 꽁꽁 얼어버린 나라가 훈훈한 이야기들로 따뜻해졌던 기억이 난다. 빈익빈 부익부貧益貧 富益富의 논리가 항상 세상을 지배하는 것은 아님을 목격한 사람들은 더욱 감동받지 않았을까 싶다.

그러나 이제 그런 세상은 더 이상 존재하지 않는 듯하다. 부자는 더 부유해지고, 가난한 자는 더 가난해지는 세상, 이 문제는 날로 심각해져서 전처럼 가난한 자가 역전하는 세상은 현실과 먼 이야기가 되어가고 있다.

## 빈익빈 부익부 현상은 뒤집힌다

언뜻 보면 빈익빈 부익부 현상은 직업에도 그대로 적용되는 듯하다. 어떤 사람들은 인력의 수요와 공급시장에서 평균을 상회하는 높은 연봉을 받으며, 자신이 원하는 직업과 회사를 고를 수 있는 여유를 누린다. 그들은 안정적인 생활을 영위하고, 점점 성공의 고지로 나아간다. 반면에 또 다른 사람들은 연봉 인상이 거북이걸음처럼 느리고, 연차가 높아질수록 권위는 떨어짐을 느낀다. 그들의 입지는 점점 좁아지며, 내리막길을 걷는 모양새가 된다.

이런 현상에 실망할 필요는 없다. 오랫동안 관찰한 바에 의하면, 장기적으로 직업의 세계에서 빈익빈 부익부 법칙은 충분히 깨어질 수 있다. 초반에는 '학벌'과 '스펙'을 갖춘 사람들이 올라가고, 기반이 약한 사람들은 내리막길로 가는 듯 보일 것이다. 그러나 향후에 직업 관리를 어떻게 하느냐에 따라 당연하게 생각되던 상승 또는 하향 곡선이 뒤바뀐다. 직업 관리가 부실한 사람은 아무리 시작이 좋았어도 빈약한 끝을 보이고, 비록 시작은 미약했으나 제대로 경력을 쌓은 사람은 점점 더 발전하면서 상황을 역전시킨다.

> 직업의 빈익빈 부익부 현상을 결정하는 핵심 요소는 '직업 관리'이다.

## 갑작스러운, 하지만 예견된 위기가 찾아온다

박 차장의 직장생활은 처음에 상당히 안정적이었다. 그는 서울 중상위권 대학교 출신에 영어도 잘했기 때문에, 대기업의 마케터로 순탄하게 일을 시작했다. 이후 여기저기에서 오라는 회사도 많았고, 이동하며 전 직장보다 높은 연봉을 받는 재미도 쏠쏠했다. 그런데 그가 최근 이직을 하려고 하자, 자신도 잘 이해되지 않는 상황이 벌어졌다. 마땅히 지원할 곳이 많지 않았고, 그나마 지원해도 자꾸 떨어졌기 때문이다. 그러다보니 예전에는 고려하지 않았던 기업까지 생각하게 되었고, 그런 자신을 발견한 그는 위기감을 느끼기 시작했다.

박 차장의 위기는 갑자기 찾아온 것처럼 보이지만, 실은 '예견된 위기'였다. 그는 이제껏 '직업 관리', '이직 관리'라는 개념을 크게 염두에 두지 않았다. 그저 매년 연봉이 오르는 재미와 조금씩 생활이 안정감을 찾아가는 것에 만족해서 자신의 경력을 전혀 관리하지 않았다. 그는 장기적인 계획 없이 그때그때 필요에 따라 회사를 옮겼고, 나이가 들어감에 따라 점점 선택할 수 있는 기업이 줄어들었다. 당연히 연봉도 과거처럼 높게 부르기 어려워졌다.

박 차장과 같은 경우는 우리나라의 적지 않은 직장인들이 공통적으로 처하게 되는 상황이다. 특히 지금의 인재 시장을 보면, 아무리 탄탄하게 시작하더라도 그 이후의 상황을 보장받지 못한다. 불황이 장기화된다고 해서 채용하지 않는 것은 아니지만, 기업은 우수한 인재와 그렇지 않은 인재를 매서운 눈으로 바라보고 있으며, 그 어느 때보다도 엄격한 기준을 적용하여 신입사원을 뽑는다. '핵심 인재가' 아닌 단순히 '직원 한 명'을 더 뽑는 것은 회사 구조에서 당연히 시간 낭비, 돈 낭비이다.

기업들은 우수한 인재를 찾기 위해 필사의 노력을 다한다. 회사에 최종 합격하는 것이 지금처럼 어려웠던 때도 없었던 듯하다. 이런 상황은 곧 회사가 우수한 인재를 찾지 못할 경우, 채용 의사를 거두어버릴 수도 있음을 의미한다. 자신의 경력을 잘 관리해서 전문 역량을 기르고, 스스로를 발전시킨 인재는 많은 회사가 탐낸다. 그러나 어수선한 경력을 가진 사람에게는 눈길조차 주지 않는 곳이 바로 회사이다.

당신이 아무리 처음에 화려한 스펙을 가진 부자였다고 할지라도 가진 재산을 물 쓰듯이 써버리면 언젠가 아무것도 남지 않게 되는, 갑작스럽지만 예견된 위기가 찾아올 수 있음을 잊지 말기 바란다.


## 연차와 경력을 구분하라

이제부터라도 직업 관리에 관심을 가지기 시작했다면, 무엇보다 중요한 것은 바로 '연차'와 '경력'을 구분하는 일이다. 많은 직장인이 이 두 가지를 혼동하여 제대로 된 경력 관리를 하지 못하는 경우가 허다하다.

'연차'란 일을 한 햇수를 말한다. 즉 신입 사원 시절부터 한 달, 한 해 쌓여가는 물리적인 시간이다. 그런데 연차라는 개념은 정점을 찍고 나면, 곧바로 하향 곡선을 그리는 특징이 있다. 기업에서 수요가 많은 과장 정도까지는 아주 전문적인 업종이 아니더라도 자신의 분야에서 상승세를 탈 수 있다. 하지만 연차만 쌓다보면, 정점에 다다른 이후로는 내리막길을 걷게 된다. 다시 말해서 '퇴직을 향한 카운트다운'이 시작되는 것이다.

이와 달리 '경력'은 은퇴하는 최종 시점까지 지속적으로 상승세를 타는 특징이 있다. 일에 대한 다양한 경험을 함으로써 스스로를 발전시키며, 사회적 영향력이 더욱 강해지는 것이다. 연차가 단순히 흘러가는 물리적 시간이라면, 경력은 자신의 경험과 실력을 강화해서 화학적으로 더 강해짐을 뜻한다.

따라서 직업 관리를 하려는 사람은 먼저 '연차가 아닌 경력을 쌓자'는 인식부터 확실히 가져야 한다. 연차만 쌓은 사람을 대우하는 기업은 없다. 그는 오히려 부담스러운 존재일 뿐이다. 나이가 들면 연봉에 대한 부담이 첫 번째 걸림돌이기 때문이다. 그러나 이 걸림돌을 피해가는 방법이 바로 경력이다. 연차를 쌓으면 '나이 든 사람'에 불과하지만, 경력을 쌓으면 '노하우를 가진 사람'으로 평가받는다.

## 직업 관리에는 영원한 부자도, 영원한 빈자도 없다

경력을 쌓으려면 출신 대학이나 스펙이 좋아야 한다고 생각하는 사람이 많다. 그러나 실제로 구직과 구인 시장에서 스펙 지상주의는 명확하게 적용되지 않으며, 그런 일방적인 좌절감 또한 존속되지 않는다.

국내 상위권 대학 중 하나인 모 대학교 경영학과 동창인 이씨와 김씨의 경우를 보면, 이를 더 잘 이해할 수 있다. 이씨는 업계에서 S급 인재로 불리며, 유수한 기업을 골라 갈 수 있는 위치에 있다. 그러나 김씨의 경우 한두 달이 멀다 하고 다급하게 이동할 자리가 있는지 문의한다. 시작은 같았으나, 시간이 흐를수록 그들의 사회적인 격차는 점점 더 벌어지게 된다.

이렇게 차별화된 상황은 다양한 요인으로 설명할 수 있겠지만, 가장 직접적이면서도 본질적인 요인은 바로 직업 관리이다. 이씨는 경력을 쌓았고, 김씨는 연차만 쌓은 것이다. 여기에서 출신 대학이나 스펙은 2차적인 문제일 뿐이다. 당신은 직장을 옮기며 연차를 쌓을 것인가, 아니면 제대로 된 경력을 쌓을 것인가? 무엇을 선택하느냐에 따라 당신이 갈 수 있는 미래의 직장과, 그 직장에서의 모습이 결정된다.

직업의 세계에서는 은수저를 물고 태어난 혜택이 영원할 수 없으며, 경력 관리를 어떻게 하느냐에 따라 상황이 충분히 역전될 수 있음을 기억하라. 영원한 부자도, 영원한 가난뱅이도 없다.

# 08

# 한스러운 스펙도
# 넘어설 수 있다

무모하고 현실감 없는 스펙 업이 아닌
직업 관리가 정답이다.

한때는 어느 대학인지 '묻지도 따지지도 않고' MBA라는 학위만
으로 직급 하나 정도는 단번에 올라갈 만큼 인재 대우를 받았던
시절이 있었다. '스카이(SKY는 서울대, 고대, 연대를 말한다)면 대
기업 합격은 따놓은 당상'일 만큼 무조건 인재라고 인정받던 시
절도 있었다. 그러나 이제 MBA는 발에 걸릴 만큼 흔해져서 상
위 10위권 내의 대학교 정도는 졸업해야 인정을 받을까 말까 한
상황이다. 또 스카이라고 다 인재가 아니고, 스카이에 더하여
외국의 대학원 정도는 나와야 시선이 가는 실정이다. 스펙을 따
지는 회사들은 경력직 채용 의뢰를 하면서 암묵적으로 출신 대
학을 5~6개로 정하기도 하고, 어떤 경우에는 딱 3개 대학 외에
는 받지 않겠다며 채용 의뢰서에 공공연하게 기재하기도 한다.

이쯤 되면 '대체 기업들의 스펙 요구에 어디까지 맞출 수 있을까', '그것을 맞추기 위해서 직장인들은 어디까지 스펙을 쌓아야 할까' 하는 회의감이 들 수밖에 없다. 스펙 경쟁이 가지는 한계가 여기에 있다. 기업들의 스펙 상향 기대치에 100퍼센트 부응하는 것은 불가능하다. 지금 당장은 스펙이 당신의 직업을 반짝거리게 만드는 것 같겠지만, 더 높은 스펙을 가진 사람이 나타나는 순간에 바로 그 빛을 잃을 것이다. 따라서 스펙으로 승부를 보려는 태도는 전략적이지 못하다.

장기적으로 당신의 직업을 빛나게 하는 것은 스펙이 아닌 잘 관리된 경력임을 인식하라. 다행히도 점점 더 많은 기업이 경력과 역량이 무엇보다 중요하다는 점을 깨닫고 있다. 스펙은 경력 관리를 대신할 수 없으며, 고스펙으로도 통과할 수 없는 좁은 문을 제대로 된 직업 관리와 경력 관리를 통해서 넘어설 수 있다.

## 경력 관리만이 가장 효과적인 해결책이다

기업이 짜놓은 게임의 규칙에 맞춰가다가는 당신의 인생은 스펙만 쌓다가 끝날 수도 있다. 과감히 게임의 규칙을 바꾸어야 한다. 그 해답은 '스펙 업' 대신 '경력 관리'를 하는 것이다. 중하위권 대학을 나온 사람이 상위권의 대학원을 졸업했다고 해서 기업이 그 사람을 새롭게 평가할 확률은 매우 낮다.

그러나 동일한 대학 출신이 제대로 직업 관리를 해서 월등히 업그레이드한 경력을 보여준다면, 그 사람은 고려 대상이 될 수 있다. 당신의 매력적인 경력 앞에 기업들은 자신들이 정한 게임의 규칙을 잊고, 당신이 제시하는 규칙을 따르게 될 것이다. 스펙 업과 경력 관리 중 어느 쪽이 해볼 만한 게임인지 명확하지 않은가.

내가 만난 사람들 중에 구씨는 명문 대학교로 다시 학부 편입을 할지, 아니면 명문대의 대학원을 갈지 고민 중이었다. 구씨에게 나는 이렇게 조언했다. "안 되는 기업에 학력을 맞추려고 하면 끝이 없습니다. 당신이 아무리 명문 대학교 편입에 대학원 졸업장을 들이밀어도 학력을 이유로 당신을 거절한 기업은 또다시 똑같은 잣대로 당신을 평가할 거예요."

냉정하지만 이것이 현실이다. 학력만 따지는 기업에 맞추기 위해서 당신이 투자하는 시간, 돈, 노력 등은 사실 투자 대비 효과가 제로에 가깝다. 거의 인정을 받지 못하기 때문이다. 모 회사의 인사 팀장은 편입, 대학원 등으로 학력을 올리는 시도를 '학력 세탁'이라고까지 말하며 거부감을 드러냈다. 이 정도는 아니더라도 대부분의 회사는 직장인들의 더 나은 학력 취득에 대한 노력을 높이 사주지 않는다. 기업들의 학교 순위 기준은 대학원이 아닌 대학교이다. 즉 수도권 대학을 졸업한 후 명문대에서

석사 과정을 마치더라도, 그 사람은 수도권 대학교 출신자인 것이다. 학력 업그레이드는 당신을 만족시킬지 모르지만, 기업의 시각을 변화시키지는 못한다.

무작정 학력을 더 쌓는 것보다 역량으로 승부할 수 있는 다른 기업을 찾는 것이 훨씬 현명하다. 학력에 대한 벽을 절대 허물지 않는 기업들을 바라보며, 학력을 올렸으니 받아달라고 외치는 것은 소용없는 일이다.

## 경력이 스펙을 이긴다

학력 업그레이드뿐만 아니라 우리나라 직장인들의 스펙 쌓기 광풍은 이미 잘 알려진 사실이다. 물론 스펙은 여전히 중요하다. 스펙이 소용없는 것이 아니라 맹목적인 스펙 쌓기가 문제인 것이다. 많은 사람들이 경쟁력과는 상관이 없거나 필요 이상으로 스펙 쌓기에 열중하고 있는 것을 목격할 때마다 안타까운 마음이 든다.

내게 상담을 요청한 모 중견기업 과장의 이력서를 보면, 이 문제가 고스란히 녹아 있다. 그는 대학원을 마친 후 잠시 직장생활을 하다가 퇴사하고, 적지 않은 나이에 어학연수를 다녀왔다. 그러나 그의 경력을 보면, 이런 고스펙과는 대조적으로 관리가 전혀 되어 있지 않았다. 그는 원래 외국계 회사에서 마케팅 업무를 하길 원했지만 기회를 얻기가 쉽지 않자, 스펙을 쌓으면 더 많은 기회가 올 것이라고 생각한 듯싶다.

다니던 직장을 퇴사하고 어학연수라는 과감한 승부수를 띄우며 스스로는 경력 관리를 한다고 생각했겠지만, 그가 쌓은 것은 경력 관리와는 거리가 멀다. 그가 했어야 할 일은 기업이 탐낼 만한 실무 경력을 쌓는 일이었다.

실제로 그를 한 회사에 추천하니, "스펙은 나쁘지 않은데, 실무 경력이 대리급보다 적어서 과연 일을 제대로 할까 싶네요"라는 부정적인 반응이었다. 어학연수는 공백으로 치부되기까지 했다. 회사 입장에서 그의 이력을 다시 검토해보자. 그의 나이는 차장급이지만, 실무 경력은 인턴 생활을 제외하면 단 5년뿐이었다. 어학연수를 1년간 다녀왔어도 실제 업무에서 영어를 사용해 일한 경험이 거의 없었고, 비즈니스 상황에서 영어를 잘 할 수 있을지 알 길이 없었다. 결론적으로, 그는 검증된 인재가 아니었다.

요즘같이 경기가 좋지 않은 환경에서 기업들은 채용 시에 실무 경력을 중시하는 경향이 강하다. 기다려줄 여유가 없는 것이다. 따라서 자격증, 학위 취득만으로 새로운 기회를 잡기가 더욱 어려워진 상태이다.

스펙 쌓기는 기회비용 면에서도 경력 관리와 비교되지 않을 만큼 비효율적이다. 살아남기 위해서 많은 직장인이 스펙을 쌓는 데 엄청난 시간과 돈을 투자한다. 자격증, MBA, 대학원, 어학연수에 드는 비용은 보통 수천만 원 이상이며, 이에 더하여 기회비용까지 계산하면 그 비용은 실로 어마어마하다. 그러나 현재의 경제 상황과 비즈니스 환경을 살펴보면, 이러한 학문적 트레이닝을 통해 그만큼의 '본전을 뽑을 수 있는' 현실이 아니다. 장기적으로 현장 경험을 쌓는 것에 주력해야 하는 이유이다.

훌륭한 학교 출신이거나 대단한 스펙의 소유자라고 할지라도 직업 관리를 제대로 하지 못하면, 그 사람의 직업 곡선은 얼마만큼 아래로 내려갈지 알 수 없는 채로 계속 곤두박질치게 될 것이다. 반면에 빈약한 조건을 가진 사람일지라도 직업 관리에 공을 들이면, 성공 가도를 달릴 수 있음을 기억하길 바란다.

# 09

# 단 한 번으로
# 연봉을 결정짓지 마라

한 번의 연봉 인상을 노리는 대신
장기적으로 연봉이 오를 기회를 잡아라.

'이번 한 번으로 결판을 내겠어!'

연봉에 대한 직장인들의 이런 태도는 결연함이 느껴질 정도이다. 보통 직장인들은 연봉 인상을 단 한 번으로 끝내려는 데 집착하는 경향이 있다. 그러나 '지금' 얼마나 오르는지에만 신경 쓴다면, 장기적인 면에서 연봉 인상은 물론이고 경력 관리에도 부정적인 영향을 끼치게 된다. 다양한 사례를 통해서 이 문제를 살펴보자.

대기업 D사는 경력자의 연봉이 웬만한 중견기업보다도 낮아서 경력직 채용 시 마지막에 연봉 협상을 하면서 결렬되는 경우가 많았다. 지원자들이 합격한 후, 원하는 연봉을 받지 못함을 알고 입사를 고사하는 것이다. 그러나 그 기업의 실질적인 부분을 살펴보면, 연봉은 매력이 없을지 몰라도 몇 년을 일한 후에는 어디로든지 옮길 수 있을 만큼 탄탄한 경력을 쌓기에 더할 나위 없이 좋은 회사이다. 지원자들이 연봉만 신경쓰고, 이런 매력적인 부분을 간과하고 있으니 안타깝기만 하다.

외국계 게임 업체에서 일하는 최씨 역시 연봉 인상에만 집착하느라 좋은 기회를 놓쳤다. 그는 항상 가고 싶다고 말하던 모 기업에 합격한 후, 그 기쁨을 뒤로하고 현재 받는 금액에서 크게 변화가 없는 연봉 제안에 금방 실망감을 느꼈다. 그 회사의 해당 팀장은 "성과급도 있고, 연말에는 웃을 수 있도록 적극적으로 지원해주겠다"며 직접 최씨를 설득하기까지 했다. 그러나 최씨는 끝내 고사했다.

"제 자존심이 허락하지 않습니다. 이 금액은 제가 꼭 받아야겠어요." 5년 차밖에 되지 않은 그가 연봉과 자존심을 연결지어 말하는 것을 들으며, 그가 자존심이 무엇인지 정말로 아는 사람일까 의문스러웠다. 성과급만 하더라도 해당 기업에서 이전에 성과급이 나왔으므로 허언이 아님을 알 수 있고, 팀장이 그를 설득한 점에서도 충분히 기대할 수 있는 상황이었다. 장기적으로 보면, 지금 몸담고 있는 회사보다 연봉을 충분히 더 올릴 수 있는 발판임은 물론이거니와, 경력 관리 면에서 해당 기업으로의 이직은 연봉과 비교가 되지 않을 만큼 좋은 기회였다.

많은 직장인이 위와 같은 상황 속에서 한 번으로 승부를 판가름하려는 모습을 보일 때마다 나는 매우 안타깝다. 연봉 인상이 마치 지금 한 번으로 끝나는 것처럼 짧은 시각을 가지면 안 된다. 당신 앞에 놓인 연봉 인상의 기회는 한 번이 아니라, 당신이 일을 어떻게 하느냐에 따라 몇 번이고 이루어질 수 있다.

## 여러 번 인상, 무조건 좋다?

직업 관리에 대한 개념이 부족해서 이직을 습관적으로 하는 '이직족' 중에는 이직 시 상승하는 연봉에 재미를 붙인 사람들이 있다. 일반적으로 이직 시에는 평균적인 연봉 인상률보다 더 높여서 받을 수 있는 점을 고려하면, 이직을 자주 하는 사람들의 연봉이 이직을 하지 않는 사람들보다 높은 편이다. 그러나 이런 현상은 어느 단계까지만 적용될 뿐이다. 오히려 일정한 단계를 거치면 상황은 역전된다.

예를 들어 이직을 다섯 번 한 사람과, 딱 한 번 실행한 사람의 연봉을 비교해보면, 어느 정도까지는 전자가 더 높은 연봉을 받는다. 그러나 시간이 흘러 연차가 쌓이면, 그때는 후자가 더 높은 연봉을 받을 확률이 높다. 꾸준히 경력을 쌓은 후에 이직하면, '철없는' 시절에 이직하는 것보다 더 높은 인상 폭을 기대할 수 있다. 설령 똑같이 15~20퍼센트의 인상률일지라도 사원이

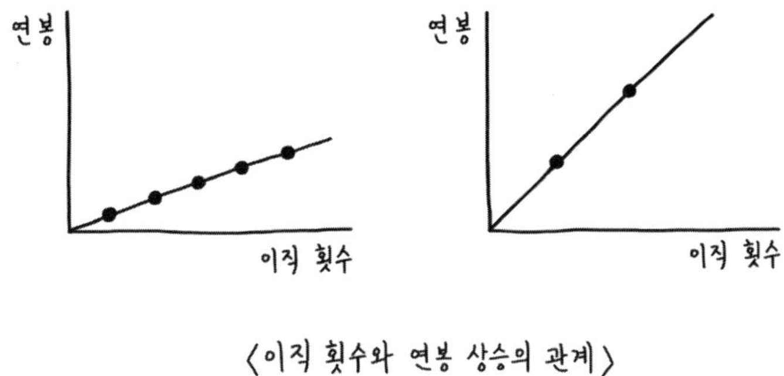


〈이직 횟수와 연봉 상승의 관계〉

나 대리급보다는 높은 직급의 인상 금액이 더 많을 수밖에 없기 때문이다.

또한 연봉만 보고 이직한 전자의 경우는 직업 관리가 허술해져서 이후에 좋은 기회가 상대적으로 적어진다. 심지어 주는 대로 받아야 하는 절박한 상황에 놓일 가능성도 있다. 반면에 후자는 제대로 한 직업 관리 덕분에 이곳저곳 비교하며 골라서 갈 수 있게 된다. 따라서 누가 더 높은 연봉을 받을지는 명백하다.

## 장기적으로 연봉이 오를 기회에 집중하라

연봉이 한 번에 확 올랐다고 좋아하는 사람이라면, 지금 한 번 오르고 향후 몇 년간은 전혀 오르지 않을 수도 있음을 고려해야 한다.

김 차장은 해당 기업 분야에서는 파격적인 30퍼센트의 연봉 인상을 제안받고 이직했다. 이직한 회사는 그녀가 꼭 필요했던지, 업계에서 구두쇠로 소문난 사장이 꽤 높은 금액을 제시했다고 한다. 그러나 그 이후 3년 동안 그녀의 연봉은 오르지 않았다. 매년 연봉 인상 시기 때마다 그녀는 다음과 같은 말을 들었다. "김 차장은 우리 회사 차장들 중에 연봉이 제일 높아요. 형평성에도 어긋나고 회사 사정도 좋지 않으니, 이번에는 인상에서 제외되어야겠어." 더 이상 갈 곳이 마땅치 않은 그녀는 억울하지만, 꾹 참고 있을 수밖에 없었다.

한편 모 다국적 IT 기업은 이직 시 고연봉을 제시하는 것으로 유명하다. 그런데 입사한 많은 사람이 몇 년간 연봉이 거의 동결된다는 사실은 알지 못한다. 연봉만 보고 그 회사에 들어간 사람들은 결과적으로 큰 인상이 아니었다는 사실에 허탈해한다.

이처럼 지금 연봉이 파격적으로 인상되었다고 좋아하기에는 이르다. 회사를 1년만 다니고 그만둘 것이 아니라면, 한 번 반짝하고 오르는 연봉보다 장기적으로 연봉 인상을 가져다줄 수 있는, 즉 경력 관리에 제대로 부합하는 기회에 집중해야 한다.

### '높은 연봉'과 '좋은 기회'의 상관관계를 살펴라

많은 직장인이 연봉 인상에 지나치게 신경을 쓴다. "동료보다 이만큼은 더 받아야 해요", "최소한 이 정도는 인상되어야 하지 않나요?", "이직하면서 수평 이동은 절대로 할 수 없습니다" 등등 자신만의 연봉 기준을 세운다. 보통 이직을 하면, 정도의 차이는 있으나 연봉이 인상되는 것은 사실이다. 또한 가능하면 좋은 조건을 제시하는 회사로 이직하는 것이 중요하다. 그러나 높은 연봉이 경력 관리에 도움이 되는 기회인지는 생각해볼 문제이다.

지인의 소개로 연봉이 높다는 한 기업에 지원하여 합격한 박 대리는 듣던 대로 높은 연봉을 제안받았다. 현재 몸담고 있는 회사라면, 그 연봉을 받기 위해 몇 년을 더 다녀야 할 만큼 큰 액수였다. 박 대리가 고민에 빠진 이유는 그 회사의 브랜드 가치가 현재 회사에 비해 현저하게 떨어진다는 데 있었다. 제안을 한 회사는 파격적인 연봉이 아니면 좋은 인재를 끌어올 수 없는 분야인 데다가, 인재에 욕심이 많은 사장이 연봉에 후한 편이었다. 고민에 빠진 그에게 나는 이렇게 조언했다.

"아직 대리인데 지금 마이너리그로 가면, 이후에 다시 메이저리그로 오는 것이 쉽지 않을 수 있습니다. 높은 연봉인 것은 맞아요. 대리 직급에 그 정도 연봉을 주는 곳은 흔치 않죠. 그렇지만 잃는 것이 무엇인지 생각해보았으면 합니다."

따져보면 그가 잃을 것은 많았다. 그 회사로 이직할 경우, 그는 일과 동료의 수준이 예전과 같지 않음을 금방 눈치챌 것이다. 한창 배울 나이에 그런 환경은 자기 자신에게 큰 손해이다. 사실 연봉을 보고 간 몇몇 사람이 채 1년을 버티지 못하고 나오기가 일쑤인 회사였다. 만약 박 대리가 고연봉만 보고 이직한다면, 이전의 이직자들과 같은 길을 걸을 확률이 매우 높아 보였다.

연봉은 경력 관리를 잘하면 자연적으로 따라오는 보상이다. 그러나 한 번의 인상으로 그 보상이 다 채워질 것이라고 기대한다면, 그런 마음 자체가 직업 관리에는 마이너스 요소이다. 잘 관리된 경력과 높은 연봉은 동반자 관계라고 믿어도 좋다. 당신은 단 한 번 반짝하고 말 것인가, 꾸준히 상승하는 기회를 잡을 것인가?

# 10

# 연봉 협상,
# '밀당'이 정답은 아니다

협상이 가능한 순간과, 그렇지 않은 순간에 대한
판단이 필요하다.

협상이 제대로 이루어지려면, 그에 임하는 양측이 어느 정도 평등한 입장에 있어야 한다. 그런 의미에서 '연봉 협상'이라는 말은 그리 현실적이지 않다. 회사 쪽에 우위가 있는 경우가 대부분이며, 직장인은 진정한 협상을 할 힘이 없다. 연봉 협상이 순탄하게 이루어지기 위한 선결 조건으로, 우선 회사 입장에서 당신과 계속 일하고 싶은 충분한 의사가 있어야 한다. 이직의 경우에는 당신을 데려오고 싶은 강한 의지가 있어야 함은 물론이다.

연봉 협상 시기가 되면, 회사의 속마음도 모른 채 연봉이 오르지 않는다고 투덜거리는 사람들이 있다. 그러나 협상에 앞서 회사가 당신을 어떻게 생각하고 있는지부터 파악해야 한다. 다시 말하면, 협상이 가능한 분위기인지 살펴보아야 한다.

이직의 경우 대부분의 사람들은 연봉이 최소 10~15퍼센트는 무조건 오른다고 생각하는데, 이유 없이 그렇게 오르는 경우는 없다. 스카우트성 이직 시에는 연봉 책정에 이직자의 희망이 많이 반영되지만, 그렇지 않은 경우에는 그만큼의 가치가 있음을 증명해야 연봉이 오를 것이다. 당연한 인상이란 없으며, 동일 직급에서도 연봉 차이가 발생한다. 예를 들어 전임자가 6천만 원을 받았다고 해서, 당신도 반드시 그 수준의 연봉을 받으리라는 보장은 없다.

현재의 직장에서나 이직 시 연봉 협상에 임할 때에는 현실적인 상황을 냉철하게 판단해야 자신이 어느 정도 밀어붙이거나 밀려도 되는지 전략적인 접근이 가능해진다.

## 지나친 고집으로 기회를 놓치지 마라

우리는 회사와 연봉 협상을 하면서 은근히 신경전을 펼치며 '밀당'을 하는데, 이때 지나치게 고집을 부려서 좋은 기회를 날려버리기도 한다. 연봉 협상을 제대로 하고 싶다면, 최악의 경우 그 협상이 결렬되어도 괜찮다는 마음가짐으로 임해야 한다. 어떻게 되어도 상관없다는 식의 태도를 가지라는 의미가 아니다. 그 협상이 성사되지 않더라도 당신에게 큰 타격이 없을지 생각하라는 말이다.

만약 당신이 연봉 협상에서 약자의 위치에 있다면, 그 점을 스스로 인정하고 들어가야 협상이 원활히 이루어진다. 즉 당신이 만족할 만큼의 연봉 인상이 아니더라도 그 기회를 잡고 싶다면, 위험을 감수하고 강하게 요구하는 대신 어느 정도 안전한 선에서 승낙해야 한다. 반면에 그 협상 자체가 당신에게 정말로 간절한 일이 아니라면, 앞서 말한 경우보다 더 센 강도로 회사에 요구 사항을 말할 수 있을 것이다.

이런 두 가지 방법이 듣기에는 쉽겠지만, 실제로 돈 이야기가 오가게 되면 자신의 자존심을 지켜내고 싶고 더 나은 조건에 대한 욕심이 생기면서 협상이 수월하게 타결되지 않는 경우가 많다.

얼마 전에 만난 홍 대리는 동료보다 자신의 연봉이 낮다는 사실을 알게 되었다. 그래서 회사에 동료의 연봉과 동일한 수준의 인상 폭을 요구했으나, 받아들여지지 않았다. 회사는 홍 대리가 퇴사할 수도 있는 위험을 무릅쓰고, 그의 요구를 들어주지 않은 것이다. 홍 대리를 계속 잡고 싶을 만큼 그의 효용가치를 높이 사지 않은 것으로 보인다. 그런 사정도 모른 채 회사의 결정에 불만을 가진 홍 대리는 홧김에 회사를 뛰쳐나왔고, 현재 그는 구직 활동 중이다.

## 밀 것인가, 밀릴 것인가

김씨는 유명한 다국적 소비재 업체의 대표로 재직하다가, 글로벌 구조조정으로 인해서 6개월 전에 퇴사했다. 50대의 나이로 구직이 쉬운 조건은 아니었으며, 본인도 그 상황을 잘 알고 있는 것 같았다.

연봉에 연연하지 않고 마지막으로 역량을 발휘할 수 있는 기회라면 만족한다던 그였지만, 막상 합격을 하고 나니 연봉을 천만 원 더 올려달라며 기업과 밀당을 했다. 결국 그 자리는 다른 사람에게 돌아갔다. '연봉 천만 원으로 설마 나를 포기하겠어?'라고 그는 생각했을지도 모른다. 그러나 기업은 그를 포기했다. 자신이 더 낮은 모습을 취해야 하는 현실을 모르고, 일단 기회를 잡고 나면 따라오는 다른 요소들을 생각하지 못한 채, 그저 숫자에만 급급해서 낭패를 본 전형적인 사례이다.

연봉뿐만 아니라 직급도 마찬가지이다. 기업에 당당히 승급 요청을 할 수 있는 상황인지 먼저 파악해야 한다. 나는 이직하려는 사람들에게 승급된 직급을 받으라고 조언하는 편이다. 내년이나 후년에 승급시켜주겠다는 회사의 약속을 믿지 말라는 의미는 아니지만, 미래를 장담할 수 없기 때문이다. 그러나 직급에 유난히 민감한 회사들도 있으므로, 이 부분 역시 유연한 태도를 가져야 한다. 특히 일부 대기업의 경우 직급별 연차가 명확하다보니, 연봉은 업계 최고 대우를 해줄 수 있어도 직급은 회사 규정에 무조건 맞춰야 한다며 매우 엄격한 입장을 취하기도 한다.

이처럼 회사 내규로 정해져 있어서 협상 자체가 불가능한데도, 이직자가 계속 밀어붙이는 바람에 협상이 결렬된 경우도 있다. 당신이 어느 선까지 여유를 부릴 수 있는지, 또 얼마만큼 주장할 수 있는지 냉정하게 상황을 파악하는 능력이 필요하다.

## 감정싸움이 되지 않도록 주의하라

박 차장은 E사에 지원해서 면접을 통과하고, 연봉 협상 단계까지 올라갔다. 그러나 협상이 결렬되어 합격이 취소된 후 낭패감에 빠졌다. 초기 협상 때부터 박 차장과 회사는 삐걱거렸다. 몇백만 원씩 큰 차이가 나는 것도 아니어서 회사가 제시한 연봉을 그냥 받아들일 수도 있었으나, 회사의 뻣뻣한 태도에 자존심이 상한 박 차장은 자신이 원하는 연봉을 맞추어줄 수 없다면 대신에 교육이나 특별 휴가 등을 달라고 요청했다. 그러나 회사의 반응은 극단적이었다. 그런 요구 사항은 받아들일 수 없으므로 합격을 취소하겠다고 나온 것이다.

사실 박 차장이 원한 연봉은 회사에서 충분히 들어줄 수도 있는 액수였다. 아마도 그 회사는 박 차장을 합격시키기는 했지만, 모든 것을 맞춰주고 꼭 데려오고 싶은 인재는 아니었던 듯하다. 게다가 회사는 오히려 박 차장의 태도가 뻣뻣하다고 느끼고, 감정이 상했을 수도 있다.

연봉을 높이려고 감정을 앞세우게 되면, 예상치 못한 극단적인 결과가 나올 수 있으므로 충분히 주의를 기울여야 한다. 앞서 살펴본 것처럼 당신이 협상을 하면서 틀어져도 손해볼 것이 없다는 각오로 임한다면 다행이지만, 서로 감정이 상해서 좋은 기회를 놓친다면 결국 당신만 손해이다.

협상 테이블에서 마주한 회사 측의 협상자들은 앞으로 당신이 함께 일하게 될 사람들이기 때문에, 서로 기분이 상하지 않도록 신경써야 한다. 이는 이직 시에도 마찬가지이다. 그들은 당신이 최종 합격을 해서 회사에 다니게 되면, 매일 볼 사람들이다.

내가 아는 어떤 사람은 자신의 의사를 끝까지 관철시켜서 인사부와 밀고 당기기 끝에 본인이 원하는 연봉 인상을 이루어냈다. 그러나 협상 과정에서 지나치게 강력한 태도로 말하는 바람에 인사부에 미운털이 박히고 말았다. "해당 팀의 팀장이 뽑자고 하니까 이번에는 들어주었지만, 사실 저는 채용하고 싶지 않네요. 잘 협조했다면 하나라도 더 챙겨줄 텐데, 참 밉상이에요." 인사 팀장은 이렇게 불만 섞인 말을 하기도 했다.

한 가지 더 주의할 점을 짚고 넘어가자. 이직 시 연봉 협상을 할 때, 밀고 당기기 카드는 한 번만 활용하라는 것이다. 회사에서 제시한 금액이 당신의 기대치와 차이가 난다면, 한 번 정도는 재조정을 요청할 수 있다. 이때 당신에게 주어진 기회는 단 한 번이다. 만약 재조정을 요청한 후 회사에서 다시 제시한 연봉 역시 마음에 들지 않는다면, 두 가지의 선택이 있다. 재조정된 사항을 그대로 받아들이거나, 합격이 취소되는 최악의 시나리오를 염두에 두고 다시 조정을 요청하는 것이다.

반드시 잊지 말아야 할 것은, 당신의 연봉 조정 요청이 한 번이 넘으면 회사는 당신을 확 놓아버릴 수도 있다는 사실이다. 회사는 당신만 인터뷰하지 않았으며, 대부분의 경우 차선의 후보자가 있다는 점을 기억하라. 합격은 당신 다음의 후보자에게 넘어갈 수 있다.

이직 시에 가능한 한 유리한 조건을 맞추어가는 것은 매우 중요한 일이다. 그러나 협상에서 당신이 원하는 금액을 100퍼센트 모두 받는다고 해서 무조건 승자가 되는 것은 아니다. 협상자와의 관계나 연봉 외에, 기타 기회비용 등을 고려하여 당신이 진정으로 이기는 협상 결과를 이끌어내길 바란다.

**이직 시 연봉 협상을 할 때는 세 가지를 기억하라**

1. 회사마다 연봉 구성이 다르다

기업이 제안한 연봉을 잘 확인하지 않고, 오른 금액만 듣고 그대로 받아들이면 나중에 후회할 일이 생길지도 모른다. 12개월 치 월급의 합산이 아닌 퇴직금까지 포함되어서 13개월 합산인 경우도 있다. 또 연봉에 식대가 포함된 곳도 있고, 별도인 곳도 있다. 이처럼 예전에 다니던 회사와 연봉 시스템이 다른 경우가 많으므로, 이를 반드시 확인해야 한다. 가장 중요한 것은 당신의 주머니에 최종적으로 들어오는 액수가 얼마나 되느냐이다. 단순하게 숫자만 듣고 판단해서는 안 되며, 어떻게 구성된 금액인지 확인하라.

2. 가능한 한 예전 회사에서 받았던 금액을 모두 말하자

최종 합격을 하면, 이직한 회사에서는 직전까지 당신이 받았던 정확한 연봉이 얼마인지 확인하려고 한다. 이때 기본급, 성과급, 연월차 수당 등 받았던 금액은 조목조목 다 챙기도록 하자. 당신이 예전 회사에서 받았던 모든 항목을 다 연봉으로 계산해주지 않을 수도 있다. 그러나 일단은 수령했던 부분들을 모두 말하는 것이 좋다. 예를 들어 연월차 수당이 있는 회사에서 없는 회사로 옮길 때, 그 부분이 연봉 증가분에 참작될 수 있기 때문이다.

3. 협상 시기를 알고 입사하자

"저는 이번에 성과급을 못 받는다고 하네요." 10월에 입사한 한씨가 풀이 죽어서 이야기했다. 알고 보니 당해 연도 성과급은 10월 전 입사자에게만 해당된다고 한다. "그 사실을 알았더라면 몇 주를 당겨서 9월에 들어갔을 텐데……"라고 그는 후회했지만, 이미 소용없는 일이다. 입사 후에 실망하는 일이 생기지 않도록 연봉 협상을 할 때 회사의 내규를 잘 파악하도록 하자. 보통 이슈가 되는 점은 성과급 대상자인지의 여부와, 하반기 입사 시 다음 연도의 연봉 인상 대상자에서 제외되는지의 여부이므로, 이를 확인한 뒤 입사하는 것이 바람직하다.

# 11

# 평판을 관리하라

퇴사했다고 해서 전 직장에서 쌓은 평판이
꼬리 자르듯이 사라지는 것은 아니다.

"상사와의 관계가 힘들어서 퇴사했습니다. 사이가 더 나빠지려야 나빠질 수 없는 상황이었거든요. 그런데 다른 회사에 지원하니 서류 심사와 면접은 무난히 통과하면서도 이상하게 마지막에 계속 불합격 통보를 받네요. 혹시 그 상사를 통해 저에 대한 나쁜 말들이 들어간 것은 아닌지 걱정됩니다."

피상담자 김 과장은 어린 시절 외국에 거주해서 원어민 수준의 영어 실력을 자랑하며, 똑 부러지는 첫인상에다가 한눈에도 일을 잘할 것 같은 사람이었다. 어느 모로 보나 A급 인재인 그녀가 연거푸 최종 단계에서 탈락한 이유는 평판 조회에 걸렸을 확률이 높다.

실제로 그녀의 평판을 알아본 결과, 그녀와 상사의 관계는 안

좋기로 소문나 있었다. 어떤 사람은 "상사가 정말 이상한 사람이다"라며 그녀의 편을 드는가 하면, 또 다른 사람은 "그녀도 보통 성격이 아니다"라고 말하기도 했다.

평판은 남이 써주는 이력서라고 한다. 스스로 작성한 이력서로 서류 심사와 면접은 통과할 수 있지만, 성공적인 평판 관리 없이는 성공적인 직업 관리를 하기 힘들다. 당신을 채용하고자 하는 기업은 대부분 비공식적으로 당신이 함께 일했던 사람들을 통해서 당신에 대한 검증을 하려고 든다. 당신이 이 과정을 통과하지 못하면, 합격의 장벽을 넘을 수 없다.

## 평판은 그림자처럼 따라붙는다

평판이란 한 사람이 직장생활을 어떻게 했는지 다른 사람의 의견을 통해 확인하는 과정이다. 자신이 직접적인 영향력을 행사할 수 없으므로, 평판은 더욱 무시무시한 존재이다. 불편했거나 떳떳하지 못했던 일들은 퇴사와 동시에 모두 지워버리고 새롭게 시작하고 싶은 사람들이 있겠지만, 예전 직장에서 어떠한 평가를 받았는지 확인하는 과정은 이제 빼놓을 수 없는 채용 절차로 자리매김하고 있다.

김 과장은 상사와 사이가 좋지 않아서 시원한 기분으로 사표를 던지고 나왔지만, 평판이 발목을 잡은 경우이다. 따라서 이직을 할 때 하더라도 현재의 직장에서 끝까지 관리를 소홀히 하면 안 된다.

기업에서 직원의 평판을 조회할 때는 아래의 세 가지 영역을 중점적으로 본다.

## 1. 인성

인성은 평판의 핵심이다. 특히 대인관계가 가장 중요한 부분을 차지한다. 연구직처럼 언뜻 생각하기에는 사람들과의 관계가 크게 중요하지 않은 듯한 직종도 예외는 아니다. 팀워크도 이 속에 포함된다. 조직에서 생활하는 이상 100퍼센트 혼자서만 하는 일은 없으므로, 팀원과의 관계와 조직 안에서 취하는 자세는 누구에게나 중요한 요소이다. 기업은 당신이 혹시 사람들과의 어떤 문제로 인해 회사를 나온 것은 아닌지 촉각을 세운다.

## 2. 업무 역량

업무 역량은 성과와 전문성에 대한 확인이다. 더불어 소프트 스킬soft skill에 대해서도 궁금해한다. 커뮤니케이션 능력을 특히 중요하게 평가하며, 리더십은 높은 직급의 이직자에게 중요한 항목이다.

### 3. 도덕성

도덕성은 평판 조회의 마지막 관문이다. 회사는 특히 '돈 문제'를 일으켰는지 반드시 확인하는데, 내외부적으로 돈과 관련된 비리에 엮인 적이 있는지 알아본다. 재무, 회계 등 돈을 관리하는 직종은 피해갈 수 없는 단계이며, 임원 역할을 검토하는 경우에도 이 부분을 강도 높게 체크한다. 또한 돈 문제 외에 이성 문제를 포함하여 회사 내에서 이슈가 되었을 정도로 사생활이 복잡하지는 않은지 확인하는 경우도 있다.

> **평판의 핵심 영역**
>
> 1. 인성: 성격, 대인관계, 팀워크, 업무 태도
> 2. 업무 역량: 성과, 전문성, 커뮤니케이션 능력, 리더십
> 3. 도덕성: 비리 연루 여부

회사에서 평판 조회 결과를 당신에게 알려주는 경우는 드물다. 부정적인 평판 때문에 당신의 불합격을 결정했더라도 "업무 분야가 조금 달라졌다", "연봉을 도저히 맞출 수 없다" 등등 다른 사유를 대면서 말한다. 좋지 않은 평판에도 불구하고, 만약 당신이 합격하더라도 연봉 협상에서 불리한 위치에 놓이게 되어, 높은 연봉을 받을 수 있는 확률이 크게 줄어든다. 회사 입장에서는 평판 조회가 나쁘게 나온 사람을 반드시 끌어올 이유가

없기 때문이다.

채용 시에 갑자기 기류의 변화가 감지되면서 불합격 통보를 받는다면, 당신은 평판 조회에서 걸렸을 가능성이 높다.

## 평판 관리는 평상시에 하라

자신의 평판이 마음에 걸려서 갑자기 동료와 상사에게 밥을 사거나 술을 산다고 해도 한순간에 평판이 바뀔 리 만무하다. 평소에 평판 관리가 필요한 이유이다.

평판 관리는 현재 자신의 평판을 확인하는 것부터 시작된다. 당신에게 쓴소리를 해줄 수 있는 믿을 만한 사람에게 객관적인 평가를 요청해보자. 현재 직장의 동료(이것이 불편하다면 예전 직장의 동료)가 될 수도 있고, 상사나 부하 직원 등 당신의 직장생활을 가까이에서 지켜본 사람이 적당하다. 중요한 것은 진지한 태도로 부탁해야 하며, 싫은 소리도 들을 각오가 되어 있어야 한다는 점이다.

술자리 등 농담 섞인 진담이 오갈 수 있는 자리에서 누군가에게 자신의 성격이나 태도 등에 대한 싫은 소리를 들으면, 겉으로는 웃을지 몰라도 속으로는 기분 좋게 받아들이기 힘들다. 자신의 직장생활 전반에 대해서 좋지 않은 소리를 듣는 것은 이보다 더 어려운 일일 것이다. 그렇다고 하더라도 자신의 실제 평판과

거리가 먼 사탕발림하는 소리를 듣고 싶지 않다면, 진지하게 평가를 부탁해보자.

자신의 현재 평판이 파악되었다면, 그다음에는 목표를 세우자. 어떤 부분에서 보완이 필요하며, 앞으로 어떤 평판을 얻고 싶은지 구체적으로 생각해보길 바란다. 여태껏 당신이 해온 직장생활을 점검하는 계기가 될 것이다.

평판 관리는 성공하기 위한 처세술이 아니라, 자기 관리의 수단이다. 긍정적인 방향으로 자신을 변화시키겠다는 의지가 없는 상태에서 겉모습만 변화를 꾀하려고 한다면, 그것은 오래가지 못한다. 마음의 변화가 자연스럽게 밖으로 표출되어 올바르고 적합한 행동이 장기적으로 쌓여야 평판이 좋아진다.

진정한 평판 관리는 자신에 대한 점검을 하고 안으로부터 변화를 모색하는 일이며, 사람들에게 보다 존중받고 인정받는 사람이 되겠다는 마음으로 실천하는 꾸준한 자기 관리이다. 평판은 다른 사람이 해주는 것이지만, 장기적으로 보면 스스로 만들어가는 것임을 기억하자.

## 온라인 평판 조회에 대비하라

누구나 한 번쯤 인터넷 검색을 하다가 문득 관심 있는 사람의 이름을 찾아본 경험이 있을 것이다. 연예인이나 정치인뿐만 아니

라, 요즘에는 소개팅을 잡아놓고 미리 상대방의 블로그를 검색하는 등 일반인에 대한 정보도 어렵지 않게 찾을 수 있다. 우리는 지금 원하기만 하면 누구라도 검색할 수 있는 세상에 살고 있다.

채용 과정도 예외는 아니다. 회사의 채용 담당자는 당신을 얼마든지 검색할 수 있다. 실제로 2012년 봄에 이런 일이 일어나 논란이 된 사건이 있었다. 한 출판사에서 입사 예정자의 트위터 글을 찾아보고, 채용을 번복한 것이다. 그 회사는 합격자가 올린 글을 읽은 후 그의 성향이 기업문화와 조화를 이룰지에 대해서 우려했다고 한다. 나는 회사의 결정이 옳은지 그른지를 말하려는 것이 아니다. 이 사건의 핵심은 결국 그 글을 게재한 사람의 입사가 취소되었다는 점이다. 다시 말해 그는 해당 회사의 온라인 평판 조회에서 걸러졌다.

1. 기업은 당신의 온라인 활동에 주목한다

블로그, 페이스북, 트위터 등에 남긴 글을 기업이 본다고 생각하면 사실 개운치가 않다. 친구들과 부담 없이 나누는 농담, 편하게 쓰는 은어나 속어, 사생활이 그대로 노출되기 때문이다.

한 후배는 요즘 회사의 분위기가 너무 좋지 않다며 말을 꺼냈다. "진짜 3분 안에 그런 일이 일어났다니까요. 섬뜩했어요." 사연은 이렇다. 어떤 직원이 페이스북에 한 임원의 옹졸한 행동을 조롱하는 글을 올렸고, 거기에 동료들이 댓글을 달기 시작했다. 잠시 후 그는 찜찜해서 바로 그 글을 내렸는데, 그 짧은 틈에 누군가가 화면을 찍어서 조롱당한 장본인에게 보여준 것이다. 글을 쓴 사람과 댓글을 단 사람들이 지금 어떤 상황일지 생각하면 참 난감하다.

마음만 먹으면 누구든지 당신이 온라인상에 남긴 글을 확인할 수 있다. 당연히 기업도 직원의 평판을 조사하려는 목적으로 온라인에 올라온 글을 쉽게 찾아볼 수 있다. 온라인 평판 조회는 그 어떤 평판 조회보다 쉽고 신뢰할 만한 도구로 떠오르고 있다. 평상시에 해당 직원이 직접 쓴 글을 통해서 그 사람의 가치관, 언행, 네트워크 등을 짐작할 수 있으니 말이다.

채용 사이트 '인크루트'에서 인사 담당자 500여 명을 대상으로 실시한 조사에 따르면, 응답자의 20퍼센트가 구직자의 인터넷 활동을 살펴본다고 답변했다. 지원자의 입장에서는 아무 생각 없이 온라인 활동을 하다가, 예상치 못한 불이익을 당할 수도 있는 환경이다.

## 2. 개인적인 기준을 마련하자

전에 오스트레일리아의 한 토론 프로그램을 본 적이 있는데, 적지 않은 사람들이 복수의 페이스북 아이디를 가지고 있으며, 친한 친구들끼리만 공유하는 용도와 이미지 관리용으로 구별해서 사용한다고 말했다. 그들은 이미 온라인 평판에 대해 인식하고 있었다. 그 정도까지는 아니더라도 개인 홈페이지, 블로그, SNS 등에 본인의 생각을 어느 정도 노출시킬지 스스로 기준을 만들 필요가 있다. 즉 정보 공유 정도에 대한 원칙이 있어야 한다.

이와 동시에 자신이 올린 글을 통해서 본인도 모르는 사이에 평가가 이루어질 수 있다는 사실을 기억해야 한다. 여과 없이 글을 올리는 것에 주의하라. 오프라인에서는 입에 담지 못하는 말을 온라인에서 쉽게 쓰는 경향이 분명히 있을 것이다. 찜찜한 글은 올리지 않는 편이 낫다. 입사 지원 후 불안한 마음에 전에 올린 글들을 하나하나 다 검토할 수는 없으니 말이다.

온라인 평판은 알게 모르게 당신의 평판 형성에 영향을 미친다. 기준을 설정하고 SNS를 이용하는 것과 그렇지 않은 것은 장

기적으로 큰 차이를 가져오므로, 온라인 평판에 대한 중요성을
인식해야 한다.

## 부정적인 평판을 극복하라

앞서 말했듯이 상사와의 문제로 퇴사한 김 과장은 재취업이 될
때까지 마음고생이 심했다. 퇴사한 지 거의 1년이 지난 후에야 재
취업에 성공한 그녀는 늦게나마 평판의 중요성을 깨닫게 되었다.

그녀가 자신의 평판으로 인해 취업하지 못하고 답답해하는
모습을 보면서 나 역시 안타까웠다. 나쁜 평판이 취업에 매우 큰
걸림돌이 된다는 점 때문에 많은 사람이 당황하고 좌절한다. 상
사와 그녀 중 과연 누가 잘못했는지 따지는 것은 의미가 없다.
핵심은 그녀의 평판이 부정적이었다는 사실이다.

그렇다면 부정적인 평판을 타파하기 위해서는 어떻게 해야
할까?


1. 타협점을 찾아라

공백 기간이 6개월이 넘으면서 김 과장은 더욱 초조해했다. 조
금의 여유도 없어 보였다. 힘들어하는 그녀에게 냉정하지만 현
실을 알려줄 필요가 있었다.

"힘들 각오를 해야 합니다. 업계는 당신이 생각하는 것보다

훨씬 좁아요. 한 다리만 건너면 소문이 퍼지기 마련입니다. 특히 과장님처럼 스펙 좋고 능력 있는 사람이 퇴사 후 구직 활동을 하면, 기업에서는 무슨 문제가 있지는 않았을까 매우 궁금해합니다. 따라서 평판 조회가 거의 100퍼센트 이루어진다고 봐야 합니다."

김 과장과 같은 상황에 놓인 사람들은 자신이 불리한 위치에 있다는 사실을 인정하기 싫어도 받아들여야 한다. 마음에 꼭 드는 자리에 가려는 욕심을 버려라. 운이 좋아서 그렇게 된다면 감사할 따름이지만, 현실적으로는 어려운 일이다. 나쁜 평판을 슬쩍 가리려는 생각도 버려라. 말하지 않았는가, 업계는 생각보다 매우 좁다고.

평판이 나쁜 사람은 최고가 아닌 최선의 선택을 해야 한다. 다시 말해서 평판이 부정적이어도 자신의 능력을 사줄 회사를 찾아야 하며, 지원자의 입장에서 볼 때 무엇인가 부족한 점이 있는 자리를 찾는 것이 현실적인 방안이다.

A급 인재이지만 평판이 좋지 않은 사람, 즉 김 과장이 바로 이런 경우였다. 어느 유명한 다국적 IT 업체에 오랫동안 채용을 못 하고 공석인 자리가 있었는데, 일이 많고 상사가 까다로운 것이 그 원인이었다. 그 회사는 영어를 잘하고 스펙이 좋은 사람을 계속 찾고 있었지만, 모두가 입사하기를 꺼리는 상태였다. 김

과장도 처음에는 주저했으나, 그 직책이 현재 자기가 취할 수 있는 최선의 선택이라고 판단했다. 그 회사 또한 김 과장의 평판에 대해서는 불만족스러워했지만, 그녀의 영어 실력과 업무 능력은 인정했다. 서로의 니즈가 맞은 셈이다.

그녀는 지금 마음을 다잡고 일을 잘해내고 있다. 만약 이 자리를 거절했다면, 그녀가 재취업을 하기까지 얼마나 더 많은 시간이 걸렸을지는 아무도 모른다.

## 2. 전략적으로 사고하고 행동하라

마지막으로 주의할 점은, 다급한 마음에 기준 없이 아무 곳에나 지원해서는 안 된다는 것이다. 확률을 높이겠다는 생각에 무조건 이력서를 보내는 것은 지양해야 한다. 탈락이 불 보듯 뻔한데도 '혹시나' 하며 이력서를 보내면, 오히려 시장에 자신의 정보만 노출시키고 다급한 사람이라는 인상을 줄 것이다.

당신의 능력을 사줄 만한 자리가 어디인지 면밀히 검토하고, 그다음에 지원해도 늦지 않다. 무작정 달려드는 행동은 금물이며, 눈높이를 조절해야 한다. 반대로 마냥 느긋하게 기다리는 태도 또한 올바르지 않다. 시간이 흘러 자연스럽게 해결되기를 기대한다면, 당신이 원하는 대로 부정적인 평판은 희미해질 수 있지만, 당신의 상품 가치 또한 흐릿해질 것이다.

# 12

# 달콤한 휴식은
# 블랙홀이 될 수 있다

재충전의 기간은 오히려
이직자의 프리미엄을 앗아갈 수도 있다.

뉴스와 신문에 직장인의 휴일이 많다는 기사가 나오면 씁쓸하다. 절대적인 휴가 일수가 많지 않을뿐더러, 휴가가 있다고 한들 쓸 수 있는 여건이 안 되는 상황이 우리나라 직장인의 현실이기 때문이다. 일반적으로 직장인에게 허락된 가장 긴 휴가는 평균 1주일의 여름휴가이다. 모 대기업에서는 12월이 되면 1주일간 휴가를 쓰라고 권장한다는 사실이 큰 뉴스거리가 되기도 하지만, 그 외에는 찔끔찔끔 쉬는 하루나 이틀 정도의 휴가가 전부이다.

내가 아는 어떤 직장인은 농담 반 진담 반으로, 휴식이 매우 간절하여 신혼여행을 핑계 삼아 쉬려고 결혼했다는 '거친' 발언을 해서 주변 사람들의 웃음과 비난을 사기도 했다. 이런 환경이다보니 고작 2~3년을 일하고도 "지쳤어요. 재충전이 필요해요"라고 말하는 것이 이해된다. 15년, 20년 일하신 '부장님'이 듣기에는 가소로울 수 있겠지만 말이다.

이렇게 팍팍한 직장 환경 속에서 여러 가지 일에 부대끼면, 스트레스로부터 완전히 벗어나 자유롭게 쉬고 싶다는 생각이 간절해진다. 요즘 같은 불경기에 쉰다는 것이 불안하면서도, 한두 달 충분히 쉬면서 재충전을 하고, 다시 새 직장에서 새롭게 시작하고 싶다는 열망을 간직한 사람이 적지 않을 것이다. 그러나 언제나 그렇듯이 현실은 냉정하다. 당신이 힘들어하는 것은 기업 입장에서 보면 당신만의 사정일 뿐이다.

## 당신에게는 재충전이지만, 인사 담당자의 눈에는 공백이다

30대 중반의 이 과장은 한눈에 보기에도 똑소리가 나고 야무져 보였다. 그녀가 이직하고 싶다며 처음 상담을 신청했을 때만 해도 국내 굴지의 대기업 F사 소속이었다. 그러나 거의 1년이 지나서 다시 나를 찾아왔을 때, 그녀는 소속이 없는 상태였다. 즉 이직 희망자가 아닌 구직 희망자였다. 그녀는 5개월 전에 퇴사하고 한 달 정도 푹 쉰 후, 구직 활동을 하고 있다고 말했다. 회사에 묶여 있는 상태에서 자리를 구하려니 너무 힘들었다는 것이 그 이유였다. 6개월 안에 다시 취업하겠다는 목표를 설정하고 퇴사한 그녀였지만, 5개월이란 시간이 흘러 이제 한 달밖에 남지 않은 상황이었기 때문에 다급함이 느껴졌다.

"물론 처음에는 저도 나름대로 각오를 단단히 했어요. 넉넉잡고 1년 치 생활비를 준비했고, 6개월 정도 쉬는 것은 나 자신에게 주는 선물이라고 생각했죠. 그런데 3개월이 지나자 점점 불안감이 밀려들었어요."

그녀의 불안감은 충분히 근거가 있다. 실제로 인사 담당자들은 지원자의 이력서에 나타난 공백을 보는 순간, 그 사람에 대한 의구심을 증폭시킨다. 특히 한국 직장인의 최고 덕목으로 꼽히는 '헝그리 정신'이 없으리라는 눈초리에서 자유로울 수 없다.

얼마 전 유명 다국적 아웃도어 업체의 재무 담당에 지원한 사람의 이력서를 검토하던 인사 담당자의 피드백은 이런 시각을 여실히 반영하고 있었다.

"이분은 6개월 전에 퇴사하셨는데, 여유가 있어 보이네요."

구직자가 다니던 회사의 경영 상태가 나빠지고, 격무에 시달려서 면접을 하러 다닐 시간조차 여유롭지 않은 터라 그만둘 수밖에 없었다는 나의 설명은 설득력이 없었다.

내가 만난 다양한 분야의 인사 담당자들의 반응도 대동소이했다.

"우리나라에서 지치지 않은 직장인이 있나요? 핵심은 그러한 점을 조절하는 것도 능력이라는 말이죠. 앞으로도 격무에 시달릴 텐데, 그때마다 회사를 그만두고 재충전의 시간을 가질 건가요?"

또 이런 이야기를 하는 인사 담당자도 있었다.

"재충전이요? 그건 헝그리 정신이 없는 것 아닐까요? 게다가 하루가 다르게 급변하는 시장 상황 속에서 몇 개월이나 회사와 시장을 떠나 있었다는 점은 그만큼 감을 잃었으리라고 예상할 수 있죠. 솔직히 스펙 좋은 구직자들이 줄을 섰습니다."

어떻게 보면 지나치게 냉정한 평가를 내린다고 생각할지도 모르겠다. 그러나 바로 이것이 부인할 수 없는 인사 담당자들의 현실적인 시각이다.

## 구직자는 누리지 못하는 이직자만의 프리미엄이 있다

현직에 있는 사람이 회사를 옮기는 것은 '이직'이지만, 회사를 다니지 않는 사람이 회사의 선택을 기다리는 것은 '구직'이라는 점을 분명하게 인식할 필요가 있다.

이직자와 구직자의 가장 큰 차이는, 이직자가 반드시 새로운 선택을 하지 않아도 되는 상대적으로 여유로운 입장인 반면, 구직자는 상대방의 선택을 기다려야 하는 아주 절박한 입장이라는 점이다. 특히 이직자의 경우 대부분 '연봉을 높여서 간다'는 것이 일반적인 상식이며, 이는 인사 담당자들도 어느 정도 동의하는 내용이다. 그러나 구직자에게 과거의 연봉은 그저 하나의 정보에 불과하다. 게다가 '을'의 위치에 있는 점까지 감안하면, 연봉이 오르기는커녕 더 깎일 가능성도 있다.

또한 '달콤한 휴식'을 취하는 동안, 당신이 속한 시장의 정보로부터 점점 멀어질 수도 있다. 현직에 있을 때는 차를 마시거나 점심 식사 중에 자연스럽게 업계의 돌아가는 정보를 얻게 되지만, 회사를 다니지 않는 사람에게 굳이 전화나 이메일로 그러한 정보를 알려주는 동료와 후배는 흔치 않다. 웬만큼 성의가 있거나 막역한 사이가 아니면 하기 힘든 일이다. 따라서 직업에 공백이 계속되면 점점 업계의 정보에 어두워질 수밖에 없다.

이처럼 이직자와 구직자는 마음가짐부터 다르며, 이득 면에서도 큰 차이가 있다. 직장을 그만두고 구직하는 삶을 선택하면 시간과 몸의 고달픔이 적어지는 대신, 잃는 부분은 더 커질 수도 있다는 점을 분명히 알아야 한다.


## 당신의 경력에 붙는 가속도를 무시하지 마라

사실 모든 것은 시간과 연관되어 있다. 이직자는 여유로운 시간을 확보해서 그것을 재충전의 기회로 삼고 싶어 하고, 인사 담당자는 그러한 시간을 헝그리 정신이 없는 배부른 소리라고 생각하는 듯하다.

한편 이직자가 여유로운 것은 지금 당장 회사를 옮기지 않아도 괜찮다는 시간적 여유가 있기 때문이며, 구직자가 다급한 위치에 서게 되는 것은 하루라도 빨리 직장에 들어가야 한다는 시간적 압박 때문이다. 어쩌면 당신은 단 2~3개월의 휴식마저 허락하지 않는 시장의 냉정한 행태에 억울해할 수도 있다. 그러나 직장인들에게 주어진 시간은 동일하며, 그 시간은 가장 귀중한 재산임이 분명하다.

일에 시달리며 살아가는 가운데, 당신이 미처 느끼지 못한다고 해도 실상 당신은 계속 성장하고 있다. 우울하고 힘들 때 혼자 있고 싶다가도 친구를 만나면 자신도 모르는 사이에 에너지가 다시 생기는 것처럼, 정신없이 바쁜 회사생활 속에서도 당신이 받는 에너지와 배움은 당신이 느끼는 것과 비교되지 않을 만큼 크다.

지금 한창 일을 배우고 인정받는 위치에 있는 당신이 급격하게 그 속도를 떨어뜨린다면, 가속도가 붙으면서 더 많이 성장할 수 있는 기회를 스스로 차단하는 격이 될 것이다.

물론 휴식을 취하면서 얻는 재충전의 기회는 모든 직장인에게 매우 매력적인 요소이다. 그러나 재충전의 시간을 포기하는 대신 끊김이 없는 경력을 쌓으면, 직장에서 훨씬 안정적인 위치를 확보할 수 있다.

어떤 선택을 하든지 그것은 당신의 자유이다. 한 가지 기억할 것은, 당신이 갈구하는 휴식이 직업의 블랙홀이라는 위험 요소가 될 수도 있다는 점이다.

# 13

# 난관에 부딪히더라도
# 일관성은 잃지 마라

어려움 속에서도 한길을 가겠다는 의지가
당신의 직업을 살릴 것이다.

나에게 훌륭한 직업 관리를 판단하는 기준을 묻는다면, "아무런 설명을 듣지 않고 이력서만 검토해도, 그 사람의 이력이 머릿속에 쉽게 그려지는 것이다"라고 말하고 싶다. 그만큼 일관성 있는 경력을 쌓았다는 뜻이기 때문이다.

한두 장에 적힌 짧은 내용임에도 불구하고, 어떤 이력서는 고개를 갸우뚱거리게 만들며 '대체 무슨 말이지?' 하고 난해함을 느끼는 경우가 있다. 이런 이력의 소유자는 직업 관리를 제대로 하지 못한 것이다.

모든 면에서 변동이 심한 요즘 같은 시대는 당연히 일관된 경력을 쌓기가 쉽지 않다. 직장생활을 하다보면 급여 연체, 팀 해산, 상식 이하의 경영진, 업무 변동 등의 이유로 자신의 의지와 상관없이 회사를 나와야만 하는 안타까운 순간이 분명히 생긴다. "누가 그만두고 싶어서 관둔 건가"라는 말이 저절로 나올 정도로, 본인의 역량과는 별개의 문제 때문에 난감한 상황에 부딪히며 직업 관리에 비상등이 켜지는 경우가 있다.

자발적이지 않은 휴식기에 처한 사람은 직업 관리, 경력 쌓기, 연봉 인상, 적성 같은 말들이 모두 사치로 들린다고 호소하기도 한다. 그러나 어떤 어려움이 닥치더라도 '삶은 계속되어야 한다Life must go on'는 말처럼 당신의 직업 관리는 계속되어야 하며, 일관성 있는 경력을 쌓아나가야 한다.

이런 제안이 막연하게 들린다면, 다음의 내용에 주목하라.

## 일관성 있는 경력을 쌓아라

장 대리는 악조건 속에서도 확실한 전문성을 쌓은 사람이다. 서울 중위권 대학교 법학과 출신의 괜찮은 스펙을 갖추고 사회생활을 시작했으나, 어떤 이유에서인지 법무 담당 계약직으로 6년을 전전했다. 계약 종료로 인하여 6년 동안 이직이 자그마치 4번, 연봉은 대기업 초봉 수준도 되지 않았다.

그러나 장 대리에게 희망적인 사실 하나가 있었으니, 바로 일관성 있게 한 업종에서 경력을 꾸준히 쌓았다는 점이었다. 이후 모 기업의 채권 담당 정규직에 지원하여 최종 합격을 한 그에게

드디어 '쨍하고 해 뜰 날'이 찾아왔다.

"처음에는 제 처지가 지긋지긋했죠. 계약직의 설움이 보통이 아니더라구요. 그런데 어느 순간 정신이 번쩍 들었습니다. 이런 식으로 하다가는 제 경력이 끝나겠다는 생각을 한 거죠. 이직이 잦은 것은 어쩔 수 없지만, 핵심 경력을 쌓기 위해서 일관된 업종과 직무 선택에 집중했어요."

장 대리는 계약직으로 일하면서도 금융 관련 업종의 법무와, 채권 관리 분야에서 차근차근 역량을 쌓았다. 그는 이렇게 일관성 있는 경력을 쌓음으로써 원하는 회사의 정규직으로 입사하는 데 성공한 것이다. 만약 그가 계약이 종료될 때마다 계속 업종을 변경했거나, 법무직이 힘들다며 다른 직종으로 옮기면서 중구난방으로 경력을 쌓았다면, 정규직으로의 상승은 불가능했을지도 모른다.

당신이 장 대리처럼 직업 관리가 힘든 상황에 있을지라도 일관성 있는 경력만은 반드시 기억해야 한다. 무턱대고 아무 곳에나 일단 들어가고 보겠다는 생각은 금물이다. 중요한 것은 시간이 조금 더 걸리더라도 제대로 된 길을 찾는 것이다.

## 모든 지원군을 동원하라

어쩔 수 없이 회사를 급히 나와야만 하는 상황이라면, 구직을 위한 총력전을 펼쳐야 한다. 위에서 강조한 것처럼 개념 없는 관리가 아닌 제대로 된 길을 찾기 위해서는 적절한 지원군을 활용해야 한다.

## 1. 인간 네트워크

회사의 동료와 후배, 특히 직속 상사는 당신에게 큰 힘을 줄 수 있는 사람이다. 당신보다 경력이 많은 상사는 시장 상황에 밝다. 또한 옛 동료나 지인들이 다른 기업에 많이 포진되어 있기 때문에, 당신의 경력에 맞는 기회를 연결해줄 적임자이다.

## 2. 채용 사이트

기회를 넓히려면 채용 사이트를 통한 지원도 하나의 방법이다. 한 가지 주의할 점은, 채용 사이트에 이력서를 올릴 때 이력을 상세히 적어야 한다는 것이다. 그렇지 않으면 자신의 경력과 동떨어진 기회에 시간과 노력을 낭비하게 된다. 회사 이름과 경력 사항 등 한두 줄만 써놓고 누구나 쓸 수 있는 흔한 내용을 올리면, 곧바로 외면당하거나 의미 없는 기회만 올 것이다.

**어떤 이력서의 내용이 주목을 끌고, 제대로 된 기회를 불러들일까?**

- 21세기 인재
- 맡겨만 주십시오.
- 무슨 일이든 할 수 있습니다.

  vs

- 6년의 다국적 소비자 마케팅 경력
- 영어가 가능한 모바일 콘텐츠 기획자
- 파리 ○○○스쿨 출신의 명품 패션과 잡화 MD


## 3. 헤드헌터

당신이 어느 정도 업무 전문성을 갖추고 있다면, 헤드헌터의 도움을 받아라. 전화가 올 때까지 기다리지 말고, 직접 찾아가서 당신의 처지를 솔직하게 말하는 것이 좋다. 검증된 헤드헌터라고 판단되면, 당신의 민감한 상황을 솔직히 공유하며 원하는 업무에 대해서 구체적으로 이야기하라. 기민한 헤드헌터는 당신의 상황을 충분히 이해하고, 어떻게 도움을 줄지 생각할 것이다.

윤씨는 헤드헌터를 적극적으로 활용하여 힘든 시기를 잘 극복하고, 성공적인 이직을 한 사례이다. 그가 다니던 모 기업에서 야심차게 준비한 프로젝트가 중단 위기에 처하자, 팀장인 그는 자칫하다가는 '낙동강 오리알 신세'가 될 처지였다. 그가 이직을 서두르며 특히 신경을 쓴 부분은 보안이었다. 그는 "워낙 시장이 좁다보니 소문이 날까봐 걱정입니다"라고 말하며, 섣불리 자신의 이력서를 여기저기에 노출시키지 않기를 원했다. 나는 그의 동의하에 그의 이력을 메이저급 회사 몇 군데에만 소개하며, 마땅한 자리가 있는지 알아보았다. 그중 한 대기업이 우수 인재 확보 차원에서 그를 채용하기로 결정했다. 그는 그 회사에서 공공연히 채용 후보자를 찾기 전에 헤드헌터의 도움을 받아 기회를 선점하는 효과를 본 것이다.

# 14

# MBA는 당신의 직업을
# 구제하는 해결사가 아니다

MBA의 득과 실을 냉정히 파악하라.

MBA에 대한 좋은 이야기보다는 경고로 시작해야 할 것 같다. 직업 관리 면*에서 본다면, MBA를 지원하는 사람들 중 절대다수는 돈과 시간을 학교에 퍼준다는 말이 맞을 정도로 실질적으로는 MBA가 필요 없다. 그것은 그들에게 오히려 독이 된다.

내가 MBA에 대해 가혹할 정도로 부정적으로 평가하는 것은 그만큼 MBA의 가치가 바닥으로 떨어졌고, 오용되고 있기 때문이다. 국내의 야간 과정 첫 학기 등록금만 해도 천만 원이 넘으며, 기회비용까지 계산하면 직장인이 할 수 있는 가장 비싼 투자

---

* '직업 관리 면'이라고 단서를 단 이유는, 젊을 때 외국에서 다양한 문화를 경험할 수 있다는 이유로 그 정도의 투자를 하겠다는 사람이라면 예외라는 이야기이다. 그러나 학비가 일반 대학원의 2배 이상인 점을 감안하면, 그것 역시 맞는 행동인지 의문스럽다.

이다. 이렇게 값비싼 투자인 만큼 그 효용가치를 면밀히 따져야 함에도 불구하고, 많은 사람이 MBA의 활용을 오해하고 있다. 그들은 MBA를 단지 현재 위기 상황에 처한 자신의 직업을 회생시키는 수단으로 생각하는 듯하다.

회사가 마음에 들지 않고, 맡은 업무도 힘들며, 원하는 다른 회사로의 이직도 어렵다고 생각하는 사람들 중에 MBA를 다녀오면 출구가 보일 것이라는 막연한 기대감을 가진 이들이 적지 않다. 그러나 MBA는 당신의 망가진 직업을 살리는 수단이 아니다.

지금은 국내외로 엄청나게 많은 MBA 프로그램이 생겨서, MBA를 가려고 마음만 먹으면 어디든지 갈 수 있다. 솔직히 내 입장에서는 상위권의 MBA 대학원에 들어갔다고 좋아하는 지원자들을 보면, 학교에서 그들에게 입학 허가를 하면서 과연 MBA 이후 밟아갈 커리어 플랜에 대해 충분히 검증했는지 고개를 갸우뚱거리게 만드는 경우도 많았다. 실상은 MBA를 졸업하고도 취업이 안 되는 것이 현실인데도 말이다.

언제부터인가 '이도 저도 안 되니 MBA나 가야겠다'는 정서가 생겨난 것 같다. 다시 한 번 말하지만, 비싼 제품이 좋을 것이라는 막연한 심리와 마찬가지로 이것은 근거 없는 기대감이다.

## MBA 이전이 MBA 이후를 결정한다

어렸을 때부터 호텔리어가 꿈이었던 이 대리는 외국에서 호텔 경영학과를 졸업하고 국내의 한 호텔에서 4년을 근무했지만, 예상과 많이 다른 국내 호텔업계의 현실에 많이 지쳤다고 말했다. 이 대리는 박봉과 열악한 근무 환경 때문에 호텔리어로 더 성장하고 싶다는 의욕이 사라진 상태였다. 그렇다면 이제 무엇을 해야 할지 막막하기만 했던 그는, 고민 끝에 MBA 카드를 생각해 냈다. 그가 미국의 톱 MBA 대학원에 합격하여 공부를 마친 후, 귀국한 것이 바로 얼마 전이었다. 그러나 이미 내가 지적했듯이, 그의 처지는 MBA 이후에도 크게 달라지지 않았다.

"대기업, 컨설팅 회사와 인터뷰를 많이 하기는 했어요. 그러나 모든 기업이 저의 역량과 경험이 부족하다고 판단하는 듯합니다. 20여 곳에 지원했는데, 모두 탈락했어요." 그의 표정에는 답답함이 역력했다. 그가 아무리 좋은 MBA 과정을 마쳤어도, 업무 관련 경험이 없다보니 기업에서 데려가기에는 부담이었던 것이다.

그럼에도 불구하고 MBA를 가고자 하는 사람이라면, 한 가지를 반드시 고려해야 한다. 즉 MBA를 마친 후 그 프리미엄을 누릴 수 있느냐이다. 앞서 살펴본 이 대리의 경우 기업 입장에서 톱 MBA 과정을 마친 그를 다른 사람만큼 낮은 연봉으로 데려갈 수 없겠다는 부담감이 적지 않게 작용했다. 물론 경험과 역량이 충분했다면, 많은 기업이 두 팔 벌려 그를 환영했을 것이다. 그러나 단지 몸값만 올라간 사람은 기업이 가장 부담을 느끼는 대상일 뿐이다. 따라서 MBA 이전에 본인이 그 이후의 프리미엄을 누릴 수 있을 만한 조건이 되는지부터 미리 가늠해야 한다.

## MBA 이후의 프리미엄이 가능한가

그렇다면 과연 MBA 이후의 프리미엄은 어떻게 결정되는가? 프리미엄은 절대 MBA 하나만으로 만들어지지 않으며, 시너지 효과를 낼 수 있는 경력이 먼저 충족되어 있어야 한다. 그것은 단순히 '일한 햇수'를 뜻하는 것이 아니라 '의미 있는 경력'을 말한다.

예를 들어 소비자 마케팅을 하다가 MBA 이후 금융권으로 옮기고, 연봉도 올려 받은 박 대리는 MBA 프리미엄을 누린 경우이다. 그는 이렇게 설명한다.

"MBA가 분명 새로운 업계로 가는 연결 고리가 되었다고 생각해요. 그렇지만 인터뷰를 할 때 기업에서 가장 궁금해한 사항은 제가 MBA 전에 했던 소비자 마케팅에 관한 이야기였습니다. 금융업계도 소비자 대상 마케팅 활동이 점점 중요해지면서, 소비자에 대한 저의 통찰력을 높이 산 것 같아요. MBA 하나만으로 금융권에 취업된 것은 절대 아니라고 생각합니다."

MBA 이후에 그 프리미엄을 누리려면, 현재의 경력에 대한 정확한 검토가 필요하다. 즉 현재의 경력에 MBA가 과연 어떠한 가치를 더해줄 수 있는지에 대해서 MBA를 시작하기 전에 미리 분석해보아야 한다는 말이다. 그런 과정 없이 마법을 기대하는 것은 당신의 욕심일 뿐이다.

현재의 경력 + MBA = ?

위의 물음표에 대한 해답 없이 무작정 MBA를 가는 것은 오히려 1~2년간 현역에서 벗어남으로써 현장감을 잃어버리는 시간으로 전락할 수 있다. MBA가 현재의 어려움을 타개할 유일한 희망이라고 느낀다면, 그만큼 당신의 경력이 망가졌다는 반증이기도 하다. 그 절박함으로 더욱 현실적인 돌파구를 찾길 권한다.

## MBA, 날개가 될 수 있는가

모든 분야가 MBA와 같은 높은 스펙을 필요로 하지는 않는다. MBA가 과잉 자격으로 받아들여지며, 오히려 부담감만 가중되는 분야도 있다. 몸담고자 하는 영역에 아직 MBA를 마치고 온 사람이 많지 않아서 희소성이 있을 것이라는 생각은 당신의 판단 착오이다.

소비자 마케팅을 하다가 금융권으로 간 박 대리의 경우만 보더라도, 금융업계의 상대적으로 높은 연봉 수준이 그에게는 큰 이점이었다. 금융 분야는 MBA 출신자를 받아들일 만한 충분한 여건을 갖춘 대표 업종 중 하나이다. 이처럼 희망하는 업종이나 직종이 MBA 학위를 우대하며 환영하는지도 MBA 이후 안착 여부에 중요한 영향을 미친다.

요즘에는 해외 취업에 관심이 높아지며, 글로벌 지역에서 근무할 목적으로 MBA를 활용하려는 경우도 종종 있다. MBA는 분명 외국에서 근무할 기회를 잡는 토대가 된다. 그러나 선결 조건으로 일단 언어 능력을 갖추고 있어야 한다. '지금은 영어를 잘 못하지만, MBA를 하면 어떻게든 되겠지'라는 생각은 큰 착각이다. 절대로 그렇지 않다.

언어의 장벽에도 불구하고 끈기 하나로 해외 취업에 성공한 사람들의 이야기가 종종 등장하지만, 그것은 소수의 이야기일 뿐이다. 물론 업종의 차이가 있으므로 공대 관련 직종은 언어 장벽이 상대적으로 낮을 수도 있으나, 대부분의 분야는 열정과 추진력만으로 넘기에는 높은 장벽이다. '토종'이 벽을 넘었다는 소식이 들려오는 까닭은 아직까지 그만큼 희귀하므로 뉴스거리가 되었다는 점을 기억하기 바란다.

또한 경험자들에 의하면, 비자 등의 현실적인 문제도 생각보다 크다고 한다. 관심 지역의 외국인 취업 정책과 지원하는 MBA의 외국인 취업 현황도 MBA 전에 꼼꼼하게 확인해보자.

# 15

# 세컨드 커리어 플랜은
# 30대에도 절대 이르지 않다

바로 지금이 퇴직 이후의
세컨드 커리어를 고민할 적기이다.

"회사에 몇 살까지 다닐 수 있을까?", "회사에서 나가라고 하면 과연 무슨 일을 할 수 있을까?"라는 질문은 생각만 해도 가슴이 답답해진다. 그러나 이것은 모든 직장인의 화두이다. 차장이나 부장급이 되면 이런 생각을 더 자주 하게 된다. 연차가 높아지면 갈 수 있는 곳이 점점 줄어들고, 임원이 될 수 있는 사람도 극소수인 것이 조직의 피라미드 구조이기 때문이다.

한국 직장인의 평균 퇴직 연령이 50대 초반이라고 하지만, 헤드헌터로 일하면서 체감한 우리나라 직장인의 수명은 10년 정도 더 짧은 듯하다. 40대 초중반만 되어도 더 이상 갈 곳이 없고, 말 그대로 '버텨내는' 직장인이 수두룩하기 때문이다.

특히 남성의 경우 30세가 거의 다 되어 일하기 시작하는 사람이 많은 것을 감안하면, 직업을 가진 후 얼마 되지도 않아서 세 컨드 커리어를 고민해야 하는 셈이다. 가장 안타까운 경우는 준비할 틈도 없이 기업으로부터 내쳐질 때이다. 회사에서 나가라고 하기 전까지 연명하겠다는 태도는 돌진해오는 차를 억지로 외면하는 것과 마찬가지이다. 우리는 적극적으로 그다음 단계를 준비해야 한다.

'직장 수명'이 '직업 수명'이 되어서는 안 된다. 직장에서 40대까지 일하고 직업 수명이 끊겨버린다면, 100세 시대의 삶을 이어갈 방법이 없다. 바야흐로 세컨드 커리어가 필수인 시대이다.

## 자발적인 직장 수명을 정하라

아무리 '잘나가는' 직장인이라도 언젠가는 직장에서 나와야 한다. 100점 만점 기업도 직원들을 평생 책임지지 못하는 현실은 피할 수 없다. 냉정히 말하자면, 직장에서 나오지 '않는' 것이 문제가 아니라 '언제' 나오느냐가 문제이다. 이런 상황에서 직장 수명을 수동적으로 기업에만 맡기는 것은 스스로를 방관하는 일이다. 인식의 전환이 필요하다. 즉 '몇 살까지 붙어 있을까'라는 마음가짐을 '몇 살에 떠날까'로 바꾸어야 한다. 회사가 나가라고 결정하는 최후의 순간까지 기다리지 말고, 당신이 먼저 나갈 시점을 계획하자.

아마도 그것이 말처럼 쉬운 일이냐고 묻고 싶을 것이다. "퇴직자들이 가장 당황하는 순간이 통장에 매달 꼬박꼬박 들어오던 월급이 더 이상 들어오지 않을 때라는데, 그 따뜻한 직장에서 나올 생각을 먼저 하는 것이 가능하겠느냐?"고 말이다. 그렇지만 회사로부터 밀려날 때까지 다니겠다는 생각으로 그곳에 붙어 있는다면, 당신이 마지막 순간에 느끼는 절망과 배신감은 쉽게 회복되지 않을 것이다.

〈사고의 전환〉

전자는 당신의 직업 수명을 전적으로 회사에 맡기고 나가라는 말을 듣기 전까지 있겠다는 심산이며, 후자는 당신이 주도권을 가져오려는 의지이다. 지금 승승장구하는 사람들 역시 이런 상황에서 벗어날 수는 없다. 의도하지 않은 나쁜 결과가 생길 경우 직원이 약자인 것은 어쩔 수 없는 조직의 생리이기 때문이다.

내가 아는 사람 중에 유명한 다국적 기업에서 마케팅 팀장으로 근무한 후, 현재는 본인의 사업을 운영하는 이가 있다. 그가 몇 년 전 퇴사 시점에 했던 이야기들 중에 기억나는 것이 있다.

"지금이 회사를 나올 시점이라고 몇 년 전부터 생각해왔어. 일을 잘하고 있고, 회사도 아쉬워하는 현재가 다른 일을 할 적기라고 생각해." 아이러니하지만 맞는 말이다.

회사가 아쉬워할 때 그만두는 것은 그만큼 마음의 여유를 가지고 이성적으로 제2의 직업을 계획할 수 있다. 세컨드 커리어는 저절로 찾아오지 않는다.


## 일찍 고민할수록 세컨드 커리어가 풍성해진다

지금은 100세 시대이며, '인생 이모작'이라고도 말한다. 인생 전반기 직업이 후반기까지 이어지는 경우도 있으나, 대부분은 새로운 직업을 찾아야 한다. 세컨드 커리어는 100세 시대에 삶의 질 향상을 위해 필수적이며, 그 고민은 30대부터 시작해도 절대 이르지 않다. 다음 사항을 보면, 한창 일할 시기에 세컨드 커리어를 찾아야 하는 이유가 이해될 것이다.

첫째, 우리에게는 시행착오를 허락할 시간이 필요하다. 현재 직장에 다니면서도 직간접적인 경험을 함으로써 새로운 직업을 고르는 데에는 시간이 필요하다. 퇴직자들이 가장 많이 선택한다는 자영업이 실패하는 원인도 바로 경험 부족 때문이다. 우리가 어떤 제2의 직업을 꿈꾸더라도 장기적으로 현실 가능성을 타진해볼 시간이 있어야 한다.

둘째, 세컨드 커리어에 대한 고민을 빨리 시작할수록 두 번째 직업은 드림잡이 될 확률이 높다. 우리나라 직장인들 중에는 의미 있고 행복한 직업을 가지지 못한 것에 대한 아쉬움과 갈망이 있는 사람이 적지 않다. 다행히도 우리 직장인들은 첫 번째 직업을 계획할 때보다 더 유리한 위치에 있다. 당신이 가진 자산을 최대한 활용해서 세컨드 커리어는 꿈꿔오던 직업으로 실현시키도록 하자.

### 1. 자기 평가

일하면서 파악한 자신의 강점 및 약점, 관심사 등을 그냥 흘려보내지 말고, 어떤 직업으로 연결시킬지 생각하라.

### 2. 현실감각

관심이 가고 흥미롭지만, 막상 직업으로 하려니 마땅치 않은 경우가 종종 발생하기도 한다. 어렸을 때는 직업으로서의 가능성을 보는 능력이 갖추어지지 않은 까닭이다. 지금 직장을 다니며 현실감각이 충만해진 당신은 전보다 훨씬 유리하다.

### 3. 즐길 수 있는 일

당신이 싫어하는 부분을 완벽하게 제거한 직업은 없다. 그러나 그 기울기가 첫 번째 직업보다는 좋은 방향으로 더 가까이 간 직업을 찾을 수 있다.

4. 롤모델

당신은 일하면서 많은 사람을 만나고, 그들과 관계를 맺는다. 관심 있는 직업이 있다면, 그동안 쌓은 네트워크를 동원해서 롤모델과의 만남을 가져라. 관련 도서를 열 번 읽는 것보다 롤모델과 한 번 만나는 것이 두 번째 직업을 탐색하는 데 도움이 된다.

위의 네 가지를 기억한다면, 당신은 다양한 기회를 접할 수 있는 유리한 위치에 서게 될 것이다. 더불어 현재 경제적인 뒷받침을 제공하는 직업을 가지고 있으니, 두 번째 직업을 찾으면서도 상대적으로 마음의 여유로움을 느낄 수 있다.

시간을 두고 여러 가지 가능성을 시험해봄으로써, 인생의 후반기를 빛나게 할 새로운 직업으로의 문을 열 수 있을 것이다.

# Part 3

# 이직은 자기주도적으로 하라

자기주도적인 이직이 이루어지면,
당신의 직업은 상승 곡선을 그리게 된다.

# 16

# 이직 관리는
# 생살여탈권에 대한 협상이다

이직의 순간에 당신의 권리와 자존감을
쉽게 포기하지 마라.

지각을 면하기 위해 막 떠나는 버스나 지하철에 간신히 올라타고 죽기 살기로 매달려서 출근하면, 아침부터 소진한 에너지와 팍팍한 세상사에 기분이 씁쓸해진 경험은 누구나 한 번쯤 있을 것이다. 모든 상황을 살펴보아도 믿을 만한 구석 하나 없고, 선택의 여지가 전혀 없는 상태에서 느끼는 절박감처럼 싫은 것이 또 있을까. 무조건 이 버스를 타야 지각을 피하고, 이 사람이면 안 될 것 같고, 이 기회가 마지막일 것 같은 절박감은 헝그리 정신의 근원이 될 수 있지만, 이런 상황에서 살아남으려면 금세 지치고 만다.

직업 관리의 가장 중요한 부분은 이직 관리이며, 이것이 제대로 되어 있지 않은 사람은 선택권이 없는 상황에 놓이게 된다.

무슨 일이 있어도 반드시 새로운 직장을 찾아야 하는 상황이나, 연봉 및 업무가 마음에 들지 않더라도 무조건 "예스yes"라고 답해야 하는 상황이라면, 과연 행복할 수 있겠는가.

"제발 저를 뽑아주세요"가 아니라 "이 회사에 들어가면 저에게 무엇을 해주실 건가요?"라고 당당하게 말할 수 있는 상황이라면, 이는 향후 회사생활에서 생살여탈권을 획득했음을 의미한다. 당신이 이직 관리를 어떻게 하느냐에 따라, 이렇게 마음 편하고 당당한 상황을 충분히 만들어낼 수 있다.

직업을 탄탄하게 관리하라는 말은 언제든지 회사가 찾는 인재가 되어야 한다는 뜻이다. 그러기 위해서는 지속적인 이직 관리를 통해서 더 매력적이고, 더 자신감 있는 경력을 쌓아나가는 수밖에 없다.

**이직을 거절할 수 있는 당당함의 근원은 무엇인가**

나의 후배인 박씨는 제대로 직업 관리를 함으로써, 이직 시 협상에서 완전히 주도권을 쥐었다.

처음에 그녀는 온라인 비즈니스 기업의 기획자로 제안받고, 입사를 거의 결정했다. 그런데 최종 미팅에서 같이 일하게 될 직속 상사로부터 애초와는 다른 이야기를 들었다. 원래 기대했던 업무가 아닐뿐더러, 그 상사와 코드도 맞지 않을 것 같았던 박씨는 고심 끝에 원래 자신을 '끌어가려고' 한 팀장에게 이직 의사를 번복하고 싶다고 솔직하게 말했다. 그러자 놀라운 일이 일어났다. 팀장이 그녀가 원하는 것이라면 무엇이든지 들어주겠다고 한 것이다. 보고 라인을 변경해주고 업무 역시 박씨가 원하는 대로 바꾸어주겠다고 제안하자, 결국 박씨는 입사를 결정했다. 그 후 그녀는 회사에서 소수에게만 주는 주식까지 배당받고, 현재는 팀장으로 승진하여 승승장구하고 있다.

이러한 사례가 많지 않을 것이라고 생각할지도 모르겠다. 그러나 인재를 통해서 회사의 발전을 꾀하는 기업이라면, 이런 일이 꼭 놀라운 것만도 아니다. 필요한 인재가 있다면, 모든 방법을 동원해서 그 인재를 잡으려고 하는 것이 잘나가는 회사의 속성이기 때문이다. 그런 점에서 그녀가 이직 제안을 거절하며, 당당하고 솔직하게 자신의 주장을 펼쳤던 행동에는 매우 중요한 의미가 담겨 있다. 그녀는 다음과 같이 말했다.

"다급하지 않았어요. 꼭 그 회사가 아니더라도 다른 곳을 갈 수 있다는 자신감이 있었거든요. 그리고 그 업무를 맡게 되면, 내가 하고 싶은 일과 거리가 멀어진다는 것이 정말로 우려되었어요. 시장에서 인정받지 못하는 업무를 맡음으로써 경력을 망가뜨리고 싶지는 않았거든요."

박씨의 이야기에는 직장인들이 새겨들어야 할 중요한 교훈

두 가지가 있다.

우선 가장 중요한 것은 자신이 쌓은 경력에 대한 자신감이다. 경력이 좋으면 선택의 폭이 넓고, 한 회사에 목숨을 걸 필요가 없다. 그녀는 자신이 회사를 붙잡는 것이 아니라, 회사가 자신을 꽉 잡고 싶을 만큼 탄탄한 경력을 쌓아놓았다. 이러한 주도권 잡기는 경력 관리가 없었다면 불가능했을 것이다. 경력 관리가 주도권을 낳고, 그 주도권은 더 좋은 경력 관리를 위한 토대가 된다.

두 번째로 그녀는 이직 시에 직업 관리, 이직 관리에 대한 개념을 명확하게 인식하고 있었다. '무작정 옮기고 보자'는 생각이 팽배한 시대에 그녀는 '새로운 회사에서 어떤 경력을 쌓을 수 있을 것인가'에 주안점을 두었다. 업무를 바꿔주지 않으면 아무리 다른 조건이 좋아도 절대로 가지 않겠다는 그녀의 확실한 의지는 훨씬 더 좋은 기회를 잡는 계기가 되었다.

## 이직의 순간에 '권리'가 결정된다

감정적으로, 또는 충동적으로 이직을 결정해서 낭패를 보는 경우가 종종 있다.

"우연히 같은 팀의 동료가 저와는 비교도 안 될 만큼 많은 연봉을 받는 것을 알았어요. 이것은 자존심 문제입니다."

“저는 1년 동안 거의 하루도 빼놓지 않고 야근을 했어요. 그런 제가 열흘 정도 휴가를 내겠다는데 승인해주지 않는 회사, 다닐 가치도 없어요.”

마음이 급한 사연도 있다.

“인수합병 소문이 파다합니다. 빨리 움직여야겠어요.”

충분히 공감이 가는 말들이지만, 한 번 발을 잘못 내딛으면 나중에는 더 많은 길을 되돌아가야 하고, 망가진 경력을 복구하려면 상상 이상의 시간과 노력이 소요됨을 잊지 말자. 이제까지 쌓은 공든 탑마저 무너뜨릴 수 있으므로 너무 서둘러서는 안 되는 것이 이직이건만, 성급하게 행동하는 사람이 허다하다.

자신에게 온 첫 기회를 앞뒤 가리지 않고 곧바로 잡아서 이직한 후, 얼마 지나지 않아 다시 구직자의 신세가 되는 경우도 빈번하다. 한번 낮아진 경력의 질이 계속해서 하향 곡선을 그리기 때문이다. 이렇듯이 이직의 과정을 보면, 구직자들의 미래가 보인다. 제대로 상승 곡선을 타면서 ‘흥하는 직장생활’을 하는 사람이 있는 반면, 발목을 잡는 경력 관리를 해서 이제 쓸쓸히 자리만 차지하는 ‘망하는 직장생활’을 하는 사람도 있다.

이직은 자신의 권리를 결정하는 순간이자, 미래를 얼마만큼 더 밝게 만들 수 있느냐에 대한 결단의 순간이기도 하다. 이런 점에서 이직을 결정할 때 가장 중요한 것은 바로 ‘타협할 수 있는 것'과 '타협할 수 없는 것'을 나누는 일이다. 예를 들어 '연봉은 타협할 수 있어도, 업무 영역은 타협할 수 없다'든가, '업무 영역 자체는 바꿀 수 있지만, 내가 가지고 있는 본질적인 경쟁력을 키우는 것은 양보할 수 없다'는 등의 원칙을 세워야 한다. 이러한 원칙이 무너진 채 당장의 연봉만 바라본다면, 결국 그 연봉마저 제대로 유지하지 못하는 결과가 생기는 것은 너무도 당연한 일이다.

직장인들에게 필수 과정인 이직은 직업을 망치기도 하고, 업그레이드도 할 수 있는 매우 상반된 결과를 가져오는 기회임을 명심하라. 경력 관리를 제대로 하면 좋은 이직 제안을 받고, 이직 관리를 제대로 하면 경력은 더욱 업그레이드된다. 이렇게 선순환하는 이직 관리는 당신에게 더 많은 연봉을 가져다줄 수 있는 강력한 동력이 된다.

## 속도보다는 방향성: 사원

사원인 당신이 이직을 결심했다면, 그것은 아마도 인생에서 처음으로 가장 자기주도적인 결정을 하는 순간일 것이다. 신입 사원으로 취업되었을 때와는 달리, 당신의 적극적인 의지에 의해 이직이 이루어진다. 다시 말해서 당신이 처음 신입 사원으로 지원할 때에는 수많은 회사에 수십, 수백 개의 지원서를 넣은 후 선택받기를 기다리는 입장이었다면, 이제 경력자가 된 당신은 적극적으로 본인의 미래를 선택할 수 있고, 그렇게 해야만 하는 위치에 서 있다.

## 1. 방향성 정리의 기회를 잡아라

"부모님은 제게 왜 밥그릇을 걷어차려고 하느냐고 말씀하세요. 그렇지만 이 길로 계속 가는 것은 아니라고 결론을 내렸습니다."

경력 3년 차인 전씨처럼 어렵게 입사했지만 현재의 일이 자신과 맞지 않는다고 판단되면, 그때가 바로 방향을 바꿀 좋은 기회이다. 자신에게 맞는 일인지 진지하게 고민하고 직업의 방향성을 정립했다면, 과감하게 선회하라.

사원으로 몇 년간 일하면 회사가 어떤 곳인지, 자신이 선택한 분야의 일이 어떠한지 알게 된다. 학생 시절보다는 본인에게 맞는 결정을 할 확률이 높으므로, 자신감을 가지고 앞으로의 직업 방향을 결정하기 바란다. 그런 생각이 들었을 때가 올바른 변화를 할 최적의 타이밍이며, 우물쭈물하면서 결정을 늦출수록 불리한 입장이 될 수도 있다.

또한 이 시기에는 직업을 바꿈에 있어서 상대적으로 너그러운 기업의 시선도 긍정적으로 작용한다. 10년을 일한 사람과 3~4년 일한 사람 중에서 다른 일을 해보겠다는 이가 있으면, 회

사는 당연히 후자에 더 관대할 수밖에 없다. 방향 선회를 하려는
당신, 지금이 적기이다.



## 2. 갈등 해소형 이직에 주의하라

주의할 점은, 직업이나 회사와의 부조화가 어느 조직에서 일하
든지 생길 수 있는 갈등은 아닌지 자문해볼 필요가 있다는 것이
다. 직장생활을 처음 하는 경우 아직 기준이 없는 상태에서 자기
중심적으로 생각하기 때문에 모든 문제가 과하게 느껴질 수 있
다. 갈등 해소를 위한 이직이 무조건 나쁜 것은 아니지만, 변화
를 통해서 해소할 수 있는 문제인지, 단순히 '무조건 남의 떡이
커 보이는' 것은 아닌지 냉정하게 판단하라.

특히 남들은 모두 당연하게 받아들이는데 본인만 유달리 불
편을 느끼는 문제라면, 다른 곳으로 이동해도 그것은 사라지지
않을 문제일 수 있다. 처음 하는 직장생활이므로 비교 대상이 없
기 때문에 '이 회사가 이상한 곳인가'라고 생각하기 쉽다. 따라

서 첫 이직일수록 이직 사유를 스스로 정리하고, 이직을 통해서 해결할 부분에 대한 기대치를 세우도록 하자.

3. 업계의 소식에 귀를 열어라

한때는 '마케팅 사관학교'로 불리던 G사가 있다. 그러나 어떤 이유에서인지 수년 동안 인재들이 다 빠져나가서 이제는 사관학교는커녕 갈 곳 없는 사람만 남은 회사로 소문이 났다. 마침 그 회사의 마케팅 부서로 이직한 권씨를 만났다. 그는 G사의 예전 명성만 믿고 덜컥 이직을 했는데, 막상 가보니 분위기가 좋지 않고 술렁거린다면서 "차라리 전에 다니던 회사에서 차분히 경력을 쌓을 걸 그랬어요"라고 후회하는 모습이 역력했다.

　낮은 직급의 경우 업계 소식을 잘 알지 못하고 이직을 단행하는 사례가 많다. 첫 단추를 제대로 끼우는 일이 중요한 것처럼, 충분히 정보를 확보한 후 움직여야 한다.

**선택과 집중: 대리나 과장급**

어느 기업이든지 중추 역할을 맡고 있는 대리나 과장 직급은 가장 수요가 많다. 채용 정보도 많고, 헤드헌터에게 심심찮게 전화도 받는 풍요로운 시기이다. 많은 기회를 가질 수 있지만, 그런 만큼 무분별한 선택을 하지 않도록 주의해야 한다. 큰 그림을 그리고, 이직 기준을 세우도록 하자.

## 1. 기회를 선별하라

앞서 말했듯이 이 직급은 수요가 가장 많기 때문에, 이직의 기회 역시 가장 풍부한 시기이다. 이때 이직을 무분별하게 실행하면, 이력서가 대책 없이 지저분해질 수 있다. 무턱대고 지원해서는 안 되며, 이직 횟수 관리에 특히 신경써야 한다.

더불어 다양하게 다가오는 기회 중에서 자신에게 최고의 기회를 잡는 것이 중요하다. 그저 연봉을 올려준다고 결정할 것이 아니라, 장기적으로 판단하여 당신의 직업을 업그레이드할 수 있는 기회에 집중해야 한다. 쉽게 말해서, 널린 물고기 중에서 가능한 한 큰 물고기를 잡아야 한다. 물고기가 많다고 이것저것 다 잡다가는, 정작 잡고 싶은 물고기가 나타났을 때 미끼가 없고 기운도 없어서 잡지 못하는 경우가 생긴다. 이 시기의 이직 관리는 선택과 집중이 핵심이다.

## 2. 업무 역량을 업그레이드하라

"직급은 과장인데, 업무는 고작 사원급이 하는 일을 하고 있습니다." 피상담자들이 자주 불평하는 말들 중 하나이다. 직급 대비 낮은 업무의 질은 기업에서 후보자를 낮게 평가하는 요소이기도 하다. 사원 시절에 기본기를 충실히 닦았다면, 이제는 업무의 질을 높일 때이다. 단순히 타이틀에만 이끌려 이직해서는 안 되며, 그에 걸맞게 업무의 업그레이드를 할 수 있는 기회인지 확인하도록 하자.


### 3. 오픈 마인드의 태도를 가져라

모든 면에서 당신보다 못한 것 같은 동료는 이런저런 기회들을 저울질하고 있는데, 정작 당신은 저울질은커녕 제안도 받지 못한다는 생각이 드는가? 제대로 일하고 있는데도 이상하게 주위에서 '입질'이 안 온다면, 당신의 존재가 잘 알려지지 않아서일 수도 있다. 조금 더 적극적이고, 개방된 태도를 보여줄 필요가 있다. 언제든지 움직일 준비가 되어 있는 사람이라는 인상은 좋지 않지만, 그렇다고 외골수 같은 인상을 주는 것 역시 손해이다.

내가 주변에 적임자를 소개해달라고 부탁하면 "좋은 사람은 있는데, 이직 의사가 없는 것 같아요"라는 말을 듣는 경우가 있다. 만약 당신이 그 좋은 사람이고, 사실은 이직 의사가 있는데 오해를 받아서 기회를 만나지 못한다면, 그것은 당신에게 크나큰 손해이다.

또 어떤 경우에는 후보자에게 전화를 하면, 이야기를 들어보지도 않고 관심이 없다며 단칼에 잘라버리는 사람도 있다. 스스로 기회를 차단하고 있는 것은 아닌지 생각해볼 일이다.

## 자기주도적 태도: 차장 이상

피라미드의 꼭대기에 근접하면 입지는 급격히 줄어들고, 기업의 눈은 더욱 까다로워진다. 이 직급의 사람을 대충 뽑는다는 것은 있을 수 없는 일이다. 이 시기의 생살여탈권은 기업이 더욱 움켜쥐며, 차장급 이상은 자신의 직업 수명이 점점 단축되어 가는 느낌에 초조해한다. 그들은 납작 엎드리고, 대부분 버티기 전략을 구사한다(그러나 경력 관리가 잘된 소수의 사람은 여전히 골라 가는 풍요로움을 누릴 수 있다).

기억하라, 주도권을 포기하면 불리한 위치에 놓인다는 것을.


1. 현실감각을 잃지 않는 주도적인 태도로 임하라

연애하는 사람들의 대화를 떠올려보자. "당신이 원하는 대로 다 할게요." 이런 관계에는 아이러니가 있다. 한 사람이 일방적으로 잘하고, 모든 주도권을 그(그녀)에게 준다고 해서 상대방이 무조건 좋아하고 존중하는가? 관계로 고민해본 적이 있는 사람이라면, 그렇지 않음을 잘 알 것이다.

새로운 기회를 찾는 당신과 회사의 관계도 이와 마찬가지이다. 절박함 때문에 무작위로 지원하며 모든 주도권을 건네고 "저 좀 제발 뽑아주세요"라고 한다면, 기업의 눈에 당신은 더 이상 매력적인 사람이 아니다.

그러므로 이 시기에 당신에게 가장 필요한 것은 현실감각을 잃지 않는 주도적인 태도이다. 주도적이어야 한다는 말을 무조건 콧대를 세우라는 의미로 해석하는 사람은 없으리라고 믿는다. 그런 행동은 여기저기에 이력서를 뿌리며 제발 받아달라고 말하는 것만큼이나 어리석은 짓이다. 그동안 쌓은 경력을 인정해줄 회사를 선별해내는 냉정한 시각을 키워라. 시장에서 당신의 위치를 객관적으로 파악하고, 가능성 있는 회사에 지원해야 한다.

현실에 꿋꿋이 발붙인 채 주도권을 놓지 마라.


## 2. 채용 자격 뒤에 숨은 진실을 확인하라

채용 공고에 나와 있는 지원 자격은 많은 경우 기업의 속마음을 그대로 보여주지 않는다. 특히 차장급 이상 높은 직급의 채용은 더욱 그렇다. 직급이 낮은 경우에는 공고에 드러나지 않은 기준이 있더라도 적용에 유연성이 있지만, 더 위의 직급으로 올라가면 그 기준이 매우 빡빡하다. 성별부터 시작해서 나이, 출신 지역, 대학 수준 등 당신이 컨트롤할 수 없는 요소들이 숨어 있다.

만약 당신이 공식적인 채용 기준만 보고 스스로 적임자라고 판단한 후 지원하면, 들러리 역할만 하게 될 수도 있다.

아래는 모 기업의 전략기획자 채용 공고 내용의 일부이다.

| 공식 자격 요건 | 실제 자격 요건 |
| --- | --- |
| 대졸 이상 | 서울 상위 5개 대학만 적용 |
| MBA 우대 | 글로벌 톱 MBA 필수 |
| 38세 미만 | 여성 제외 |

공식적인 채용 기준 뒤에 숨어 있는 진실을 확인하기 위한 방법 중 하나는 과거 그 회사에 어떤 사람이 들어갔는지 채용 히스토리를 살펴보는 것이다. 정보를 줄 수 있는 사람을 찾고, 다방면으로 정보를 수집하는 노력을 아끼지 마라. 이것이 쓸데없는 이력서 노출과 가능성 없는 일에 노력을 쏟아붓는 것보다 훨씬 현명하다.

3. 임원으로의 진급 가능성을 타진하라

부장급 이상의 직책에 있으면서 직장에서 승부를 보겠다고 결심했다면, 이제는 임원으로의 진급 가능성을 판단해야 할 시기이다. 피라미드의 최상위 단계이므로 당연히 기회가 적다. 다음은 제대로 된 기회인지 확인하기 위해 살펴볼 사항들이다.

ㄱ. 전임자들은 못 버텼다. 당신은?

임원은 다양한 이유로 아웃될 수 있다. 전임자가 왜 사퇴했는지 파악하라. 당신이 감당해낼 수 없는 이유라고 판단되면 재고해야 한다.


ㄴ. 대표가 힘을 나눠줄 의사가 있는가?

특히 중소기업은 대표가 모든 일을 관장하다가 자신의 짐을 덜기 위해서 임원을 뽑는 경우가 있다. 대표가 당신에게 힘을 나눠줄 의사가 있는지 점검하라. 잘못하다가는 당신은 그냥 나이 많은 여러 팀장 중 한 명이 될 수도 있다.


ㄷ. 장기적인 길이 보이는가?

김 부장은 임원이 되어 좋았던 것도 잠시, 금세 낙동강 오리알 신세가 되었다. 신규 사업의 총책임자로 갔지만, 회사가 해당 사업에 큰 의지를 보이지 않아서 흐지부지되었기 때문이다.

이렇듯이 당신이 맡아서 할 일의 장기적인 가능성을 생각해야 한다. 이는 당신의 직업 수명 및 권리와 밀접히 연결된다.

# 17

# 퇴사하기 전날까지
# 당신의 소속을 잊지 마라

'뜬마음'이 절대로 표출되어서는 안 된다.
퇴사 직전까지 충성심을 100퍼센트 보여주어라.

얼마 전 모 대기업의 인사 팀장으로부터 연락을 받았다. "대리급으로 좋은 사람이 있으면 천천히 찾아봐주세요. 지금 있는 사람의 태도를 보니 오래 못 갈 것 같습니다." 전화를 끊고 '인사 팀장에게 밉보인 그 사람은 이 사실을 알고 있을까'라는 생각을 하니 안타까웠다. 인사 팀장의 말이 냉정하게 들릴지 몰라도, 곧 그만둘 것처럼 광고를 하고 다니는 직원에 대해 회사가 배려할 의무는 없다.

당신은 혹시 회사에 대한 불평불만을 입에 달고 다니지는 않는가? 근무 시간에 자리에 앉아서 채용 사이트를 들락거리고 있지는 않은가?

'오래 다닐 회사도 아닌데' 하며 근태 관리를 하지 않는 당신,

퇴사하겠다고 말을 꺼내면 회사는 그럴 줄 알았다는 반응을 보일 것이다. 최악의 경우 당신이 나가겠다는 말을 하기도 전에 퇴출당할 수도 있다. "어차피 그만둘 텐데, 그게 무슨 상관이냐"고 묻는다면, 당신은 너무 철이 없다. 현재의 직장에 충실하지 못한 사람은 어떤 기업에서도 환영받지 못한다. 직업 관리, 이직 관리의 특징은 연속성에 있음을 기억하라. 즉 지금 잘하는 사람, 지금 좋은 평판을 유지하는 사람이 이직도 잘한다.

맡은 일은 뒷전으로 미루고 빨리 탈출하려는 욕심만 부리면, 오히려 기회를 잃게 될 것이다. 설사 이번에는 운 좋게 넘어가더라도, 다음번 이직 시에는 분명히 악영향이 미친다. 단 한 번만 이직하고 직장생활을 끝낼 것이 아니라면, 마지막까지 현재 직장생활의 중요성을 잊어서는 안 된다.

## 지금 잘하면 이직의 기회가 생긴다

일하면서 좋은 이직 기회를 찾는 것은 보통 힘든 일이 아님을 안다. 좋은 채용 공고가 있는지 아침저녁으로 채용 사이트를 드나들어도 쉽게 포착되지 않을 것이다. 그러나 조금 넓게 생각하면, 이직 기회를 찾아 헤매지 않고 지금 하는 일을 계속 열심히 할 때 기회가 '넝쿨째 굴러들어오는' 경우가 많다. "흥부에게 금은보화를 물어다주는 제비도 아니고, 가만히 있으면 이직 기회가 오느냐"고 반문하려는 사람은 아래 임씨의 사례를 보면, 쉽게 수긍할 수 있을 것이다.

임씨는 2년 전 나의 소개를 통해 모 회사로 이직했다. 일 잘하고 태도까지 좋은 그는 전 회사에서도 6년 넘게 근속하며 인정받은 직원이었고, 지금 회사에서도 신뢰를 한 몸에 받는 인재이다. 그런데 인사부의 말에 의하면, 몇 달 전 그가 비공식적으로 퇴사 의사를 밝혔고, 그를 붙잡느라 애를 먹었다고 한다.

사실 그가 소속된 팀의 팀장은 같이 일하기 힘든 성격의 상사로 악명이 높아서, 부하 직원이 1년 이상 버틴 적이 없었다. 그는 그런 상사를 보필하며 최선을 다해서 일했지만, 결국 참을성 있는 그도 폭발할 지경에 이르게 된 것이다. 그 점을 잘 아는 인사 팀장은 그의 두 손을 붙잡으며, 3년을 넘기면 본인이 나서서 좋은 곳을 알아봐주겠다고 설득했다고 한다. 실제로 그의 이야기를 전하는 인사 팀장은 "임씨가 나가면 큰일이죠. 제가 진땀이 다 났어요"라고 말하며 가슴을 쓸어내렸다. 재미있는 사실은, 굳이 인사 팀장의 도움을 받지 않더라도 이미 그는 여러 곳으로부터 러브콜을 받고 있다는 점이다.

경력직을 선호하는 기업의 속성상 이미 검증된 사람과 일하는 것이 여러모로 이득이기 때문이다. 새로운 회사는 전 직장에서 성과와 태도 면으로 모두 우수한 사람을 데려오기를 원한다.

마치 학교에 다닐 때 공부 잘하는 사람이 태도도 좋을 것이라는 믿음처럼, 이직자가 놓인 상황과 관계없이 지금 일을 잘해야 옮긴 회사에 와서도 일을 잘할 것이라는 강한 믿음을 가진다.

상사가 무능력해서 배울 점이 없고, 회사 분위기도 어수선하며, 회사에서 자기계발을 할 수 있는 뒷받침도 해주지 않는다는 말들은 변명으로 치부되기 십상이다. 당신이 현재의 직장에서 꾸준히 일을 잘한다면, 좋은 이직의 기회가 생길 것이라는 말은 과장이 아니다. 거창하게 '스카우트'라는 단어를 쓰지 않더라도, 당신이 가고 싶은 곳에 지원하면 수월히 합격할 것이다.

시장은 생각보다 매우 좁기 때문에, 회사는 한두 다리만 건너면 당신이 놓쳐서는 안 될 인재인지 아닌지를 쉽게 확인할 수 있다. 퇴사하기 전까지 현재의 회사에서 최선을 다하는 모습을 보여주는 것이 최고의 직업 관리 중 하나임을 기억하라.

## 퇴사 직전까지 포커페이스를 유지하라

평상시에 회사를 열심히 다니기는 쉽더라도, '이제 이곳을 떠나야겠다'는 결심이 선 후로 그만둘 때까지 업무에 집중하기란 상당한 노력이 필요하다.

계속 잘하다가도 마지막 몇 개월간 제대로 관리하지 못해서 나중에 싫은 소리를 듣는 경우도 종종 생긴다. 뜬마음은 바로 티가 나고 오래 기억되므로 특별히 주의해야 한다. 올바르지 못한 행동들은 직장을 퇴사하기 직전에 더욱 도드라지기 때문에, 퇴사 이후에도 구설수에 오르기 십상이다. 이것이 회사를 나가는 순간까지 포커페이스를 유지해야 하는 이유이다. 카드놀이에서 어떤 패를 받아도 무표정한 얼굴로 감정을 숨기는 것처럼, 당신의 속마음을 회사에 읽혀서는 안 된다. 오히려 회사를 나가야겠다는 마음이 들수록, 당신의 충성심은 그대로인 것처럼 행동해야 한다.

더불어 조심해야 할 사항 중 하나는 직장 동료들과 의중을 터놓고 이야기하다가 낭패를 보는 경우이다. 최 대리가 바로 이런 일을 겪었다. "한 대 맞은 느낌이에요. 김 차장이 저한테 얼마나 잘했는지 몰라요. 설마 저의 이직에 대해서 사장님께 귀띔해 주리라고는 미처 생각지 못했습니다. 너무 많은 것을 털어놓았죠." 그는 기막혀하며 하소연했다.

최 대리의 직속 상사로 최근에 입사한 김 차장은 그에게 허물없이 다가왔다. 이직을 준비하던 최 대리는 다른 회사에 합격한 후, 과연 옮기는 것이 맞는지 고민하며 김 차장과 의논했다. 그러나 며칠 뒤부터 회사 대표와 임원들의 싸늘해진 시선을 느꼈는데, 알고 보니 김 차장이 최 대리의 상황을 상사들에게 낱낱이 알린 것이었다. 회사의 분위기에 밀려 최 대리는 선택의 여지 없이 회사를 나올 수밖에 없었다.

이직 정보와 같이 민감한 사항을 공유하는 데에는 특별한 주의가 필요하다. 100퍼센트 믿음이 가는 사람 외에는 그 사실을 절대로 털어놓아서는 안 되며, 회사에서 나가기 전까지 사소한 행동 하나하나가 당신에게 영향을 미칠 수 있음을 잊지 마라.

다시 말하지만, 퇴사하기 전까지 당신의 충성심을 의심받아서는 안 된다. 아이러니하게도 지금 다니는 회사에 당신의 충성심이 충만하다는 것이 입증되었을 때, 당신을 데려가려는 회사 역시 당신을 더 마음에 들어한다. 나가기 전날까지 회사에 뼈를 묻겠다는 모습을 보여주어라.

# 인정하라,
# 당신은 상품이다

자시 자신의 상품 가치를 알고, 그에 맞는
기업을 선별할 때, 합격의 문을 통과할 수 있다.

예전에 방영된 드라마를 보면, "부족하지만 무조건 열심히 하겠습니다"라고 외치는 직원을 사장님이 훈훈하게 바라보며 "그 친구, 패기가 넘치는구면" 하고 채용을 결정하는 '아름다운' 장면이 나온다. 그러나 아쉽게도 그런 순수의 시대는 오래전에 막을 내렸다.

어떤 직업을 가지더라도 본인의 상품성을 확실히 파악한 후, 자기 자신을 판매해야 한다. 용기나 패기는 여전히 칭찬을 받는 덕목이지만, 그것만으로 하고 싶은 일에 진입하기에는 경쟁이 너무나 치열하다. 수백 명, 수천 명이 당신과 똑같은 일을 하길 원한다.

실제로 신입 사원 지원자의 자기소개서를 읽어보면 '저는 집

안의 막내로 귀여움을 독차지하며 자랐습니다', '저는 순한 성격으로 화를 내본 적이 거의 없습니다'라는 순진한 내용들이 발견되는데, 이는 스스로의 역량과 가치, 지원하는 직업에 대해서 깊이 생각해보지 않았다는 것으로 해석될 수밖에 없다.

특히 경력직은 해당 업무에 대한 자신의 역량을 더욱 정확하게 파악하고, 펼쳐놓을 수 있어야 한다. '저는 어렸을 때 ○○지역의 동네 가수였습니다'로 시작하는 자기소개서가 있었다. 이는 중공업 분야의 기획자로 10년간 근무한 사람이 국내 모 엔터테인먼트 회사의 기획자로 지원하며 제출한 자기소개서의 내용이다. 언뜻 보면 뜬금없는 말 같지만, 어릴 때 동네 가수였다는 소개로 시작하여 음악에 대한 열정과 해당 기업에 대한 관심을 피력한 내용은, 자연스럽게 자신의 역량을 부각시키는 방향으로 연결되었다. 이런 방법으로 자신을 판매한 그 사람은 당연히 해당 기업의 눈길을 끌며 합격했다. 그는 본인의 상품 가능성을 충분히 알고 있었다.

당신 또한 기업이 어떤 역량을 원하는지 파악하고, 그 기업에 자신의 무엇을 내세우며 판매해야 할지 생각하라.

## 목적 없는 지원을 경계하라

새 회사에 지원하는 사람들은 걱정스러운 얼굴로 "몇 명이나 지원했는지 아시나요?", "최종 인터뷰에 몇 명이 올라갔나요?"라고 내게 묻곤 한다. 그러나 이런 질문들은 사실 별 의미가 없다. 단 한 명이 지원했더라도 기업은 만족스럽지 않은 사람은 뽑지 않는다. 경기가 어려워지면 쇼핑 리스트에서 불필요한 품목은 사라지고 필요한 제품 목록만 남는 것처럼, 회사 역시 반드시 필요한 인재를 채용하고, 그들에게 투자한다. 상품성 있는 사람에게 아낌없이 투자하고, 그들의 역량을 십분 활용하는 곳이 바로 회사이다. 당신이 어떤 핵심 역량을 가지고 있으며, 어떤 기업에서 자신의 능력을 사들일지 냉정하게 자문한 후 지원하자.

매력적으로 느껴질 무기도 없이 "문아, 열려라" 하며 부서져라 두드리는 것은 전혀 전략적이지 않다. 열정과 희망만으로 회사의 문은 열리지 않는다. 회사가 원하는 전문성과 역량을 점검하고, 당신의 상품 가치를 파악한 상태에서 지원해야 그 문을 열

**158**

수 있다.

그러나 당신을 채용하겠다는 기업이 많다는 이유만으로 무조건 당신의 직업 관리가 성공했다고 여겨서는 안 된다. 수요와 공급의 법칙에서, 공급보다 수요가 폭발적으로 많은 순간에 어떤 일이 일어나는지 생각해보면 쉽게 이해될 것이다. 제품이 흡족하지 않아도 상황에 따라서는 사야만 하는 경우가 발생한다. 그렇지만 그때가 지나고 수요가 다 채워지면, 그 제품은 거들떠보지 않는다.

대리나 과장급의 경우도 마찬가지이다. 이 직급은 어느 기업에서나 핵심이 되는 위치로서 수요가 많으며, 공급이 부족하기 때문에 상대적으로 낮은 기준으로 직원을 뽑아야 하는 상황이 발생하기도 한다. 기업이 만족스럽지 않아도 채용해야 하는 예외적인 경우이다.

러브콜을 많이 받는다며 뿌듯해하는 후배가 있었다. "이직한 지 1년도 되지 않았는데, 다른 회사로부터 또 이직 제안을 받았습니다. 시기상으로는 아닌 걸 알지만, 연봉도 더 올려준다고 하고……. 욕심이 나네요." 이것이 바로 수요가 넘치고, 공급이 부족한 사례이다. 이런 제안을 받았을 때 우쭐해져서 직업 관리를 제대로 하지 않으면, 이후 연차만 쌓이고 갈 곳 없는 상황이 닥칠 수 있음을 유념해야 한다.

## '제너럴리스트 vs 스페셜리스트'라는 이분법에 주의하라

'기업은 어떤 사람을 원하는가?' 이는 오래된 문제이다. 역량 개발에 관한 주제가 나오면, 어김없이 제너럴리스트와 스페셜리스트가 논의된다. 그만큼 직장인의 입장에서는 경력 개발을 함에 있어서 얇게라도 두루두루 건드릴 것인가, 한 분야에 집중할 것인가의 기로에 서게 된다. 모든 것을 할 수 있는 제너럴리스트와 한 가지에만 뛰어난 스페셜리스트, 어떤 직원이 되는 것이 맞을까?

한때 스페셜리스트가 되지 않으면 살아남을 수 없다는 말도 있었으나, 사실 어느 쪽이 적합한지는 당신이 현재 놓인 상황에 따라서 달라진다. 바꾸어 말하면, 회사는 필요에 따라 어떤 순간에는 스페셜리스트를 원하고, 다른 순간에는 제너럴리스트를 찾는다. 기업의 니즈를 생각해보면, 이 문제에 대한 이분법적 논쟁이 큰 의미가 없음을 알 것이다.

인사직을 예로 들어보자. 인사에서 보상/평가compensation and benefits, C&B 분야의 전문가는 없어서 못 뽑는다는 소리가 나올 정도로 전문성이 쌓이면 대우를 받는 직종이다. 즉 스페셜리스트가 인정받는다. 그렇다면 이 부분만 역량을 쌓아야겠다고 생각하기가 쉽지만, 또 반드시 그런 것은 아니다. 인사 팀장을 뽑을 때는 C&B 분야에만 경험을 쌓은 사람을 선호하지 않는다.

C&B를 포함하여 전반적인 인사 관리를 경험해야 하며, 교육 분야까지 경험이 있는 사람을 원한다. 즉 제너럴리스트가 인정받는다.

일반적으로 관리자 직급은 업무를 전반적으로 총괄해야 하므로 제너럴리스트를 선호하는 반면, 실무자 직급은 스페셜리스트를 더 찾는 경향이 있다. 따라서 어느 순간까지는 한 분야에 집중해서 경력을 쌓음으로써 몸값을 올리다가, 장기적으로는 여러 분야를 경험하는 방법이 전략적이다. '제너럴리스트 vs 스페셜리스트'라는 이분법은 어찌 보면 상황에 따른 기업의 니즈에 맞춰서 쪼개진 논리일 수도 있다.

당신은 경력 개발 단계에서 기업이 원하는 역량이 무엇인지 잘 파악해야 한다. 어느 단계까지 하나의 역량에 집중하고, 그다음 어느 단계에서 좀 더 확장된 경력을 쌓을지 결정하라. 또는 당신의 직업 특성이 이와 반대되는 예외적인 경우라면, 앞서 말한 방법에서 반대 순서로 전략을 짜면 된다.

기업이 소비자의 니즈를 파악해서 그에 맞는 제품을 개발하고 판매하는 것처럼, 당신도 기업의 니즈를 간파하고 그에 맞는 판매 포인트를 잡아야 한다. 구매자의 니즈를 무시한 상품은 판매되지 않음을 기억하라.

## "주변 사람들에게 제가 무엇을 잘하는지
## 꾸준히 각인시키는 노력을 게을리하지 않았어요"


"H사의 마케팅 매니저로 가게 되었어요." 첫 만남 이후 왠지 계속 생각났던 그녀의 근황이 궁금해서 전화를 했더니, 그녀는 통통 튀는 목소리로 반가운 소식을 전해주었다. 그녀를 처음 만난 것은 약 6개월 전이었다. 딱 보기에도 야무지고 일 잘하게 보였던 그녀는 다국적 광고대행사에서 기획자로 일하고 있었다. 미국에서 고등학교를 다녔기 때문에 영어 능력도 뛰어났다.

이렇게 일 잘하고 능력 있는 그녀의 문제는 이직 횟수였다. 1~2년에 한 번씩 벌써 5번 이상 이직한 상태였다. 광고대행사라는 업계가 상대적으로 이직이 잦은 시장임을 감안해도 그 횟수는 과했다. 그녀는 광고 기획 일을 그만두고 마케팅 담당자로서의 기회를 찾았으나 수월하지 않았다. 나도 이렇다 할 좋은 기회를 마련해주지 못한 채 시간이 흘러서 인사차 전화했는데, 이런 좋은 소식을 듣게 된 것이다. 많은 사람이 선망하는 H사에 들어가게 되었다니, 나까지 기분이 좋았다. 어떻게 인연이 닿았는지 궁금했던 나는, 그녀가 일을 시작한 지 약 2개월이 지났을 무렵 직접 만나서 대화를 나누었다.

Q: 어떤 경로로 H사에 지원하게 되었는가?

A: 직장 동료의 지인이 이 회사의 홍보 담당자로 일하고 있었는데, 그를 통해서 채용 정보를 들었다. 아주 가깝지는 않지만 나와도 아는 사이였다. 오랫동안 적임자를 찾지 못하고 있는 상황이라며, 나에게 지원해보지 않겠냐고 제안했다. 생각해보면 운명이지 않았나 싶다(웃음).

Q: 잦은 이직이 분명히 장벽이 되었을 텐데, 어떻게 극복했는지 궁금하다.

A: 나름대로의 이유를 명확하게 설명하려고 노력했다. 광고대행사 업계는 자리를 옮기면서 자신의 가치를 높이는 것이 일반화되어 있다. 물론 업계 평균보다 이직이 잦기는 했지만, 고객사와 대행사의 계약이 끝나면서 업무상 부득이하게 옮기게 된 경우도 있었다고 설명했다. 추천서를 두 통 제출해

야 했는데, 작성을 부탁드린 분에게 내가 이직한 사유를 소상히 기재해달라고 요청했다. 문제가 있어서가 아니라 일을 따라 이직한 부분은 서면으로도 충분히 설명되었을 것으로 믿는다.

Q: 회사가 오랫동안 적임자를 찾았다고 했는데, 당신의 어떤 부분을 보고 채용했다고 생각하는가? 그것은 당신의 강점이 될 수도 있겠다.

A: 일단 영어 구사 능력이 기본 조건이었다. 업무상의 모든 대화가 영어로 이루어지는 회사이고, 한국 사무소에 외국인 직원도 다수 일하고 있어서 영어는 필수이다. 그렇지만 한국인 중 나보다 영어를 훨씬 더 잘하는 사람은 많다. 그런데 나의 특징이 최고는 아니어도 무엇이든지 기본 이상은 한다는 것이다(웃음). 일도 그렇다. 어떤 일을 맡건 완성도 면에서 어느 수준 이상은 해낸다. 추천한 분도 그것을 알고 있었다고 생각한다.

　　그리고 '밸런스'라고 표현해야 할까, '융화'라고 해야 할까……. 누구를 만나든지 잘 지내는 편이다. 예를 들어 이 회사에서도 여러 부서의 사람들과 교류하며 일해야 하는데, 매장 사람들과는 그들의 언어로, 고객 지원부와는 또 그 부서에

맞는 그들의 언어로 이야기하려고 노력한다. 조직에 잘 융화
되는 편이다.

Q: 예전 회사에서도 그런 부분이 부각되었나?

A: 그렇다고 생각한다. 모든 직원이 어려워하는 국장이 있었다.
3년을 같이 일한 내가 그분과 가장 오랫동안 일한 사람이었
다. 물론 나도 쉽지 않았지만, 상대적으로 잘 지냈다고 생각
한다. 이 점은 아마 당시 회사의 동료나 상사도 잘 알고 있을
것이다.

Q: 당신처럼 이직이 많은 상태에서 새로운 기회를 찾고 있는 사
람에게 조언한다면?

A: 나는 능동적으로 이직 기회를 찾았다고는 할 수 없지만, 주변
사람들에게 내가 무엇을 잘하는지 꾸준히 각인시키는 노력
을 게을리하지 않았다. 그 덕분에 이직 관리가 잘 이루어지
지 않았음에도 불구하고, 현재 이 자리에 올 수 있었다고 생
각한다. 적어도 자신의 강점을 알리려는 노력은 반드시 해야
한다.

그녀는 인터뷰를 시작할 때 H사와의 인연이 운명이라고 말

했지만, 이번 기회는 네트워크의 힘이 크게 작용했음을 알 수 있다. 지인이 없었다면 지원 자체가 불가능했을 것이다. 역시 사람이 기회를 만든다는 생각이 들었다. 밸런스, 융화라고 표현한 그녀의 능력도 네트워크와 직간접적으로 연관되어 있다. 융화가 잘되면 당연히 다양한 사람들과 좋은 관계를 유지할 수 있다. 당신이 아는 사람들의 수는 장기적인 면에서 기회의 수와 비례한다고 생각하라. 당신이 구축한 네트워크가 위기의 순간에 큰 역할을 하게 될 것이다.

또한 그녀의 이력서에 나열된 잦은 이직에도 불구하고 인터뷰 기회를 얻었다는 것은 회사가 관심이 있다는 뜻이다. 그녀처럼 자신감 있고 확실하게 합리적인 이유를 말하는 것이 중요하다. 그리고 점점 중요해지는 평판을 고려할 때, 만약 회사가 요청하지 않는다고 하더라도 당신이 먼저 회사 쪽에 필요하다면 평판 조회를 해도 좋다고 말하는 것도 한 가지 방법이다.

그녀와의 만남은 즐거웠으며, 긍정적인 에너지를 얻은 느낌이었다. 그녀는 곧 예전 회사 사람들과의 모임이 있다고 즐거워했다. 사람들과 좋은 관계를 유지하려고 노력하는 태도는 그녀의 큰 경쟁력이다. 네트워크와 자기 PR라는 자신만의 장점을 통해서 그녀는 그동안 잘하지 못했던 이직 관리의 장벽을 무사히 통과했다.

# 19

# 역제안의 유혹이
# 다가온다

역제안counter offer을 받았다고 해서
갑자기 당신의 가치가 올라가는 것은 아니다.

이직을 결심한 후 새 직장의 모든 관문을 뚫고 합격하면, '이제는 고생이 좀 끝나려나' 하는 생각이 들 것이다. 그러나 이내 현재 직장과 어떻게 마무리할지 두려운 마음이 생길 것이다. 그중에서도 당신을 가장 고민스럽게 만드는 순간은 회사에서 붙잡을 때이다. "절대 못 보내준답니다. 어떡하죠?" 퇴사 통보를 한 후 근심이 가득한 목소리로 전화를 걸어오는 경우가 있다. 이처럼 이직을 결심하고 회사에 알리는 일은 결코 쉽지 않다.

회사가 당신의 퇴사를 기다렸다는 듯이 아무렇지 않은 반응을 보이면 유쾌하지 않을 테지만, 반대로 절대 퇴사는 안 된다는 반응 또한 당신을 힘들게 한다. '이렇게 하면서까지 옮겨야 하나?', '여기 계속 남아 있는 것이 어쩌면 더 낫지 않을까?'라는 고민을 거듭하면서 원래의 결심이 바뀌기도 할 것이다. 또 새로운 회사로 막상 옮기려니, 그것이 옳은 결정이었는지 주저하게 될 수도 있다.

남아야 할까, 떠나야 할까? 이런 의구심이 든다면, 당신이 왜 이직을 하려고 마음먹었는지 찬찬히 생각해보라. 어려운 결심을 한 데에는 분명 이유가 있었을 것이다.

## 역제안에는 비밀이 있다

박씨가 이직을 결심한 가장 큰 이유는 승진에서 누락되었기 때문이다. 그런데 다른 기업에 승급 조건으로 합격한 후 상사에게 퇴사 의사를 통보하니, 갑자기 만류하기 시작했다. 6개월 후에는 특별 인사로 꼭 승진시켜주겠다면서, 소폭의 연봉 인상까지 제시했다. 이런 상황을 겪은 사람들 중 '회사가 붙잡는 것을 보니, 역시 나는 반드시 필요한 인재였어!'라고 생각하는 이가 있다면, 미안하지만 그것은 착각이다.

객관적으로 생각해보자. 회사가 박씨에 대해서 절대로 퇴사하면 안 되는 인재라고 판단했다면, 애초에 승진에서 누락시키지도 않았을 것이다. 회사는 그가 퇴사할 수도 있는 최악의 시나리오를 예상했을 것이다. 그렇다면 왜 그를 붙잡는 것일까? 엄밀히 말하자면 박씨를 잡은 사람은 회사가 아닌 그의 상사, 즉 개인이다. 박씨가 나가면 가장 힘들 사람은 그의 직속 상사이기 때문이다. 익숙하게 일을 처리하던 사람이 나가면, 아무리 새로운 사람이 들어온다고 하더라도 원래 있던 동료나 상사는 고생스럽지 않을 수 없다. 따라서 퇴사 희망자와 직접적으로 업무가 맞닿아 있는 사람은 그를 붙잡고 싶을 것이다. 인사부와 의논해서 연봉을 올려주고, 다음번 승진도 약속하면서 잡으려고 한다. 적어도 빈자리를 채울 마땅한 사람을 확보하기 전까지는 계속 붙잡아두려고 할 것이다.

당신에게도 이런 일이 발생했다면, 당신은 이미 그 회사에서 누락된 인재임을 기억해야 한다. 레이스에서 뒤처졌을 뿐만 아니라 나가겠다고 통보한 이상, 앞으로 충성심까지 의심받게 된다. 나의 충고는 "나가라"이다.

역제안은 순간적으로 그럴듯하게 보이지만, 당신을 눌러앉히기 위한 임시방편인 경우가 적지 않다. 역제안이 오면 무조건 거절하라고 주장하는 것은 아니지만, 매우 신중히 판단하라고 조언하고 싶다. 당신을 붙잡았다고 해서 계속 회사가 당신의 기분을 맞춰줄 것이라고 생각한다면, 참 순진한 발상이다. 당신이 역제안을 받아들인 후 회사의 태도가 다시 전과 같아져도 놀라운 일이 아니다.

역제안이 가진 의미를 잘 생각해보라. 한 가지 분명한 사실은, 회사에서 당신의 퇴사를 만류한다고 해서 당신의 효용가치가 갑자기 높아지는 것은 아니라는 점이다. 당신이라는 존재가 그 순간에만 필요한 사람인지, 이후에 대체할 사람이 생길 때까지 임시방편은 아닌지, 장기적으로 회사에 필요한 인재인지 객관적으로 판단하라.

## 역제안을 받아들이기로 했다면, 다음을 기억하라

앞에서 우려한 역제안의 비밀을 꼼꼼히 따져보고 이직 의사를 번복했다면, 그다음으로 당신이 할 일은 회사와 충분히 협상하는 것이다. 회사의 모든 제안이 지금이 아닌 미래에 이루어질 약속은 아닌지 검토하라. 내년에 승진시켜주고, 내년에 파격적인 연봉 인상을 해주고, 앞으로 좋은 트레이닝을 해주겠다고 하던가? 과연 그 약속이 잘 지켜질지는 아무도 모른다. 가능한 한 곧바로 실행될 수 있는 구체적인 혜택이 있어야 한다.

이때 역제안의 실행에는 위험 부담도 있음을 염두에 두어야 한다. 지금 예외적인 혜택을 받는다면, 다음에 혜택이 주어질 때 당신은 제외될 수도 있기 때문이다. 예를 들어 지금 당장 연봉이 인상되면, 내년 연봉 협상 시에는 불리한 위치에 놓일 수 있다. 한국의 회사들은 형평성이라는 개념에서 완전히 자유롭지 못하므로 당신이 다른 사람보다 현격히 높은 연봉을 받게 되면, 다음에는 인상해주지 않을 것이다. 역제안의 가치를 냉철하게 판단하고, 구체적인 요구 사항을 준비해서 회사와 협상하라.

만약 회사가 역제안을 하면서 구체적인 조건을 제시하지 않고 그저 남으라고만 한다면, 그 말은 당신이 반드시 필요하지 않다는 것과 마찬가지이다. 당신이 진정으로 남길 원한다면, 회사는 당신이 매력적으로 느낄 만한 무엇인가를 반드시 제공할 것이다. 정情으로 호소한다고 해서 마음이 약해지면 안 된다.

국내 외식 업체에서 10년 넘게 일한 이 팀장은 외국계 유통사에 지원하여 합격 통보를 받았다. 그러나 전 회사와의 정리가 쉽지 않았다. 그는 이직 의사를 번복하기까지 많은 고민을 했다. 그가 퇴사를 포기한 주요 이유는 역시 "이 팀장 말고는 팀을 맡을 사람이 없다"는 회사의 강한 만류 때문이었다. 이 팀장은 자기를 핵심 인재로 관리하겠다는 회사의 제안을 받아들였다.

내가 이 팀장의 상황을 들었을 때, 사실 알맹이가 없다고 생각했다. 회사에서 뚜렷한 혜택을 제시하지 않았고, 앞으로 잘 관리해주겠다는 말뿐이었기 때문에, 이름만 '핵심 인재'라는 생각이 들 수밖에 없었다. 결국 회사에 남기로 결정한 그였지만 이후 서너 달에 한 번씩 나에게 연락해서 좋은 자리가 없냐고 묻는 것을 보면, 역시 예상했던 대로 큰 혜택을 누리지 못하고 있는 듯하다.

당신이 회사의 역제안을 받아들이고 다시 남기로 결정했다면, 앞으로 다가올 부담감에 대해서 단단히 각오해야 한다. 당신의 요구 사항을 들어준 회사는 그만큼 당신에 대한 기대치를 높일 것이다. 따라서 당신은 자신이 효용가치가 있는 사람임을 증명해야 한다. 최소한 2~3년간 그 회사에서 한눈팔지 않고 일하면서 성과를 내야 한다. 그렇지 못한 채 얼마 지나지 않아 또 이직하겠다는 말을 꺼낸다면, 그런 행동이야말로 당신의 평판에 부정적인 영향을 미칠 것이다.

어떤 사람은 회사의 역제안 조건을 적극적으로 더 끌어내서, 최대한 많은 혜택을 보는 쪽으로 선택하겠다고 말하기도 한다. 얼마 전 만난 후배도 그런 사람들 중 한 명이었다. "다른 회사에 합격은 했는데, 지금 회사의 반응을 보고 다음 주에 결정하려구요. 조건이 괜찮다 싶으면 생각해봐야죠."

떡을 양손에 쥐고 어떤 떡이 더 맛있나 따진다면, 당신은 여우가 아니라 그 반대이다. 회사의 역제안을 기대하며 한번 재보려는 생각은 위험천만하다. 역제안의 수락은 신중에 신중을 기해야 한다.

## 퇴사 시 프로다운 자세로 마무리하자

당신은 자신의 가치를 몰라준 회사, 상사, 동료들에게 큰소리친 후에 퇴사하고 싶을 것이다. "나는 아쉬울 것 없다", "그렇게 살지 마라", "당신들 때문에 너무 힘들었다"고 하면서 말이다. 그러나 이렇게 지금까지 쌓인 감정을 다 드러내고 그만두는 행동은 매우 어리석다. 사표를 제출함과 동시에 당신이 새로운 기회를 찾았으며, 회사를 나가겠다는 사실만 전달하면 된다. 프로답게 격식을 갖추고, 감사하다는 말을 건네며 마무리하자.

또한 맡은 업무를 이제 자신과 상관없는 일이라며 뒤도 돌아보지 않고 나와서는 안 된다. 다시 안 볼 사람처럼 행동하는 것은 세상이 생각보다 좁다는 사실을 모르고 만행을 저지르는 일이다. 세상은 좁고, 업계는 더 좁다. 전 직장에서 관계 맺은 사람들을 언제, 어디서 다시 만날지 모를 일이다.

# 20

# 이직은 직장 내 갈등의 응급처치 수단이 아니다

**갈등 상황에서 빨리 벗어나는 것만이 능사가 아니다.
전략적으로 움직여야 경력 관리에 이득이 된다.**

"'김 부장'은 어디에 가도 있어." 첫 직장생활을 1년 정도 하다가, 상사에게 지쳐서 널브러지며 회사를 더 이상 못 다니겠다고 칭얼대는 나에게 선배가 던진 한마디였다. 상사와의 갈등 때문에 더는 못 다니겠다며 이직을 상담한 오 대리의 얼굴을 보며, 예전에 들었던 선배의 말이 생각났다. 그는 "어디든지 이 회사보다는 낫겠죠. 더 이상 참을 수가 없어서 이 회사를 벗어나고 싶다는 생각밖에 안 듭니다"라고 푸념을 늘어놓았다. 안타깝게도 예전의 나나 오 대리처럼, 이직을 하려는 사람들은 회사만 옮기면 무조건 문제가 해결될 것이라는 착각을 한다.

많은 직장인이 회사 내부에서 겪는 다양한 갈등 상황 때문에 퇴사를 고민한다. 그 갈등을 일단 피하는 것이 한 방법일 수도 있다. 물과 기름처럼 어울리지 못하는 기업문화에 불편해하고, 무능력한 상사로 인해 기운 빠지고, 대화가 통하지 않는 동료와 씨름하느니 새로운 회사에서 즐겁게 직장생활을 하고 싶을 것이다. 이직을 함으로써 더 편해지고 행복을 느낀다면, 그 이직은 합당하다.

그러나 문제는 '언 발에 오줌 누기'와 같은 경우가 빈번히 발생한다는 점이다. 괴로움을 피하려다가 더 큰 괴로움을 맞닥뜨리는 상황이 안타깝기만 하다. 만약 갈등을 피하려고 이직한 곳에서 또 다른 갈등이 생기면, 6개월 혹은 1년도 채우지 못하고 다시 이직할 생각인가? 이런 식의 이직이 이력서에 한 줄씩 더해지다가는 당신의 직업 관리가 엉망이 되어버린다. '이직 관리'라는 계획 없이 순간의 괴로움을 회피하기 위한 탈출은 당신의 의도와 다른 결과를 가져올 수 있다.

## 세상은 당신만 특별 대우하지 않는다

탈출을 생각하고 있다면, 세상이 당신에게 친절하지만은 않다는 것을 깨달아야 한다. 특히 우리나라의 20~30대 직장인들은 이런 '친절하지 않은' 환경에 자신이 익숙하지 않다는 점을 스스로 인식할 필요가 있다. 보통은 20대 중반, 남성의 경우에는 30대 초반이라는 적지 않은 나이에 사회생활을 시작하지만, 지극히 의존적이고 특별 대우를 받는 것에 익숙한 성인들이 적지 않다. 교육 전문가가 아닌 나같이 평범한 사람도 지적할 수 있을 만큼 다수의 직장인은 부모님과 학교의 '과한' 지지를 받아왔다. 이런 지지는 자녀가 회사에 입사한 후에도 계속되어, 야근을 하거나 질책이라도 받은 날이면 부모가 회사로 항의 전화를 하는 웃지 못할 상황이 벌어지기도 한다. 사회인이 된 당신, 이제는 든든한 '백'을 멀리하고 스스로 독립할 때이다.

기업은 원래 냉정하며, 철저히 효용가치에 의해 움직이는 곳이다. 이 원리를 받아들이지 못하면, 어떤 직업과 직장을 선택하더라도 버티기 어려울 것이다. 당신이 아무리 상사를 낮게 평가해도 조직이 그를 상사로 앉혔으면, 그 상사를 따라야 하는 것이 기업의 룰이다. 일이 힘들다며 당신이 투덜거릴 때, 동료는 그 일을 불평 없이 해낸다. 세상이 동료에게만 유독 친절한 것은 아니지 않은가.

주관적인 시각을 걸러내고 갈등 상황을 바라보면, 대부분의 경우 당신에게만 특별히 냉혹한 것도 아니다. 세상은 친절하지 않고, 기업은 그 속성상 더욱 냉정하다는 사실을 기억하면서, 당신은 버티는 힘을 길러야 한다. 지금 직장에서 견뎌내는 힘이 있어야 이직을 하더라도 적응할 수 있다. 직장이 '총칼 없는 전쟁터'라는 이야기는 고리타분한 표현이 아니다. 현실은 그보다 더 냉혹하므로, 당신 스스로 더 독해질 수밖에 없다.



## 사표를 쓰기 전에 전략적으로 생각하고 움직여라

힘든 상황이 괴로운 나머지 '일단 탈출해야겠다'는 생각에 성급히 결정한 이직은 감정에 치우친 판단이기 쉽다.

문씨는 다니던 국내 기업의 보수적인 문화가 숨 막히고 답답하다며, 얼마 전에 한 다국적 기업으로 이직했다. 그는 아무래도 외국계 회사의 기업문화가 예전에 일했던 곳보다는 개방적일 것이라고 예상했다. 더군다나 젊은이들이 선호하는 음료를 제조하는 소비재 회사였기 때문에, 한층 젊고 오픈된 마인드를 기대했다. 그러나 그는 출근 첫날부터 깜짝 놀라고 말았다. 새 회사는 그 어느 국내 회사보다도 더 보수적이었기 때문이다. 그는 회식 자리가 흡사 군대를 연상시킬 정도여서 꽤 놀랐다고 말했다. "예전 회사는 사람들이 정이라도 있었는데, 여기는 그런 것도 아니고……." 스스로 선택해서 간 곳이지만, 그는 또 이직을 해야 할지 고민하고 있다.

막연하게 상황이 개선되리라고 예상하고 감행한 이직은 곧바로 후회를 가져온다. 그렇다고 얼마 지나지 않아 또 다른 회사를 찾아가는 행동은 당신의 이직 관리에 도움이 되지 않는다. 만약 더 이상 참지 못하고 퇴사하기로 결정했다면, 아래의 내용을 반드시 기억하라.

**사표를 내기 전에 다음의 세 가지를 기억하라**

1. 적절한 시기
가능하면 갈 곳을 정해놓고 퇴사하기를 권한다. 또한 새 직장에서 성과급이 나오는 시점, 연봉 협상 시점 등을 미리 파악한 후에 현재 회사에 사표를 제출할 시기를 정하자.

2. 갈등 상황 정리
특히 사람과의 갈등이 있는 경우에는 다시는 안 볼 사람처럼 행동하면서 나오기 일쑤이다. 깔끔하지 않은 대인관계는 당신의 경력에 걸림돌이 될 뿐이다. 이직을 할 때 하더라도 최대한 관계를 개선한 후 퇴사하도록 하자.

이직 자체에만 의미를 두어서는 안 된다. '벗어나고 싶다', '드디어 이직했다', '홀가분하다'는 감정만으로 만족하기에는 당신의 직장생활은 아직 많이 남아 있다. 이런 식의 이직은 한 점에서 다른 점으로의 '움직임'일 뿐이다. 연차만 늘어나는 이직이 아닌 전략적인 사고와 행동으로 경력을 제대로 쌓는 이직을 하라.

# 21

# 이직이라는 최소 비용으로
# 전직에 안착하라

제대로 된 이직 전략은 직종 전환의 높은 벽도 넘을 수 있다.

"이 일을 계속해야 할까요?" 이런 갈등은 2~3년 차 새내기 직장인뿐만 아니라 10년 차가 훌쩍 넘은 직장인들 역시 힘들어하는 문제이다. 자신의 현재 직업에 만족하지 못하고 새로운 일에 대해 고민하는 것은 고질적인 입시 정책과 취업 전쟁이 낳은 당연한 결과이다. 적성을 뒤로한 채 좁은 대학문과 취업문을 뚫고 정신없이 뛰다보니 '이것이 내가 정말로 하고 싶어 한 일이 맞나?'라는 생각이 드는 것이다. 고액의 연봉을 받는 사람이나 전문직 종사자도 이런 고민에서 자유롭지 못하다. 경제적 안정성이 반드시 직업 성취도로 연결되지는 않기 때문이다. 본인에게 적합하고 즐거움을 느끼는 일을 하는 것은 그만큼 중요하다.

간혹 변화를 갈구하는 열망이 막무가내로 지원하는 동기가 된다. 회계사를 하던 사람이 소비자 마케팅에, 소비재 분야에 있던 사람이 금융업계에 지원하는 등 현재 하는 일과 상관없는 분야에 지원하는 것도 다 이런 이유에서 비롯된다. 수천만 원의 학비를 들여가며 MBA를 간 사람들의 경우에도 적지 않은 비중을 차지한다.

그렇다면 이직이 직종 전환이라는 전직의 문제에도 해결책이 될까? 답은 물론 "그렇다"이다. 이직을 통해서 업종과 직종 전환이 가능하다면, 기회비용 측면에서도 가장 권하고 싶은 방법이다.

## 전직에도 거품을 빼야 한다

직업을 바꾸길 원하는 사람들 중에는 그 과정이 실속 없는 거품으로 가득 차 있는 경우가 많다. 앞서 언급한 것처럼 MBA를 포함하여 각종 자격증을 구비한 사람일수록 전직을 안일하게 생각한다. 정말로 간절함을 느끼는 사람은 거창한 '한 방'보다는 있는 것을 가지고 현재 할 수 있는 최선의 방법을 고려한다. 무엇인가를 진정으로 원하는 사람의 눈에는 그렇지 않은 사람에게는 보이지 않는 길이 분명히 보일 것이다.

강 대리도 마찬가지였다. 경영학을 전공한 후 입사 4년 차였던 강 대리는 처음에 국내 호텔의 재무부에 취직했지만, 적성에 맞지 않자 마케팅으로 직무 변경을 희망했다. 시간이 좀 걸렸지만 결국 강 대리는 이직을 통해서 마케터로 안착하는 데 성공했다.

강 대리가 밟은 과정을 벤치마킹해보자. 우선 그는 접점을 찾기 위해 노력했다. 마케터는 제품과 브랜드를 책임지므로 가격, 매출, 수익 등에 매우 민감한 직종이다. 즉 훌륭한 마케터에게 필요한 여러 가지 역량 중 하나는 숫자에 강해야 한다는 점이다. 이것을 간파한 강 대리는 이전 직장에서 쌓은 재무 경력을 통해 이미 숫자라면 자신이 있었다. 그는 본인의 강점을 살리며 마케팅 업계에 다가갈 방법을 찾던 중, 마케터와 밀접히 일하는 영업 조직의 분석가로 지원하여 합격했다. 그는 제품의 매출과 수익 등을 분석하는 일을 하면서 마케팅부와 자주 접촉했고, 재무 분야에서 일한 적이 있는 강 대리의 경력은 큰 장점으로 작용했다. 강 대리는 이직을 함으로써 마케터에 한 걸음 더 다가갈 수 있었다.

그는 영업 조직에 몸담은 후 점차 마케팅부와 접촉이 많아지면서, 마케팅 업무에 대한 관련 지식을 쌓았다. 또한 마케팅 팀장과 친분이 생기면서 마케팅을 향한 본인의 열정과 관심을 피력할 수 있었다. 자신의 관심 분야에 대해서 입소문을 내는 것은 이력서를 먼저 내놓는 효과와 같다. 그리고 마침내 그에게 기회가 왔다. 마케팅부에 결원이 생기자, 팀장의 머리에는 분명 강 대리가 먼저 떠올랐을 것이다. 적지 않은 회사들은 공석이 생기면, 사내의 지원자를 최우선적으로 고려한다. 강 대리는 이 기회를 잡았다.

## 한 우물을 파면 다른 길이 보인다

강 대리의 사례에서 얻을 수 있는 또 하나의 교훈은, 대부분의 경우 새로운 기회가 갑자기 떨어지기보다는 현재의 일을 열심히 하다보면 자연스럽게 기회가 찾아온다는 점이다.

한 외국계 회사 대표의 이야기를 들어보아도 이와 마찬가지였다. 그는 1980년대에 민주화 운동을 하다가 명문대에서 제적을 당한 뒤, 지방대를 졸업했다. 그 후 그는 당시만 해도 잘 알려지지 않은 외국계 회사의 관리부 계약직으로 처음 일을 시작했다. 미국인 사장은 열심히 일하는 그를 눈여겨보고 영업부의 정직원으로 추천했고, 그 부서에서 또 열심히 한 우물을 판 그는 젊은 나이에 해외 지사의 영업 총괄을 거쳐 현재는 지사장으로 근무하고 있다.

비결을 묻는 나에게 그는 이렇게 대답했다. "정말 열심히 했어요. 물론 처음에 맡은 일이 천직이라고 생각하지는 않았지만, 다른 기회를 잡으려면 그 일을 열심히 해야 한다는 생각이 제일 먼저 들었죠. 백도 돈도 없었고, 게다가 대학교 다닐 때 붙은 '빨간딱지'까지 생각하면 더욱 그랬죠."

절박함과 성실함만이 그의 밑천이었다. 헝그리 정신이 충만한 그였지만, 계약직의 잡다한 업무가 마냥 즐겁지만은 않았을 것이다. 그러나 만약 그가 그 일을 소홀히 했다면, 결코 지금과 같은 성공을 이루지 못했을 것이다. 그와 같이 계약직으로 관리직 업무를 하던 사람들도 분명 더 있었을 텐데, 그들은 지금 어떤 직업을 가지고 있을지 생각해보라. 시작은 같아도, 한 분야의 일을 열심히 한 사람의 끝은 이렇게 다르다.

## 이전 가능한 역량에 집중하라

전직을 원하는 대부분의 사람들은 자신이 희망하는 분야에 필요한 경력과 기술이 부족한 경우가 많다. 이런 부족함이 하나의 자격증, MBA라는 비싼 투자로 해결되리라고 생각하는 것은 금물이다. 대신에 모든 업무가 일정 부분에서 겹치는 점이 있음을 기억하라.

앞서 살펴본 강 대리의 경우 처음에 맡은 재무 업무 중 영업과 관련된 부분이 있었고, 그 일은 다시 마케팅으로 연결되어 그는 자신이 원하던 마케터라는 직업을 가지게 되었다. 한 우물을 파면서 쌓은 전문성은 넓게 퍼진다. 작은 접점이라도 당신이 원하는 직업에 근접해 있다면, 그것을 활용하라. 접점은 당신이 원하는 직업이 요구하는 역량과, 당신이 쌓은 역량 사이의 공통분모이다.

분야가 바뀌더라도 이전 가능한 역량과 기술이 있는지 찾아라. 업무와 관련된 경력이 없는데, 가능성이 보인다는 이유만으로 그 사람을 채용하기에는 기업의 부담이 너무 크다. 특히 요즘처럼 경기가 좋지 않을 때는 더욱 그렇다.

당신이 목표로 한 궁극적인 직업에 다가가기 위해서는 반드시 중간 단계를 거쳐야 하며, 그 단계를 밟으면서 바꾸고 싶은 직종에 필요한 역량을 본격적으로 쌓아나가길 바란다. 더불어 이직을 결심하면서 직종 전환을 적극적으로 고려한다면, 원하는 직업을 가질 기회는 더욱 많아질 것이다.

'네 시작은 미약하였으나 네 나중은 심히 창대하리라'(「욥기」 8장 7절)는 성경 말씀이 직업의 세계에서는 특히 적절한 듯하다.

# 22

# 객관화 능력이 있어야 당신의 위치를 알 수 있다

우물 안 개구리처럼 당신이 속한 기업 내에서만
자신의 가치를 매겨서는 안 된다.

윤 차장은 헛똑똑이다. 그는 원하는 회사에 합격하고도 그곳으로 가지 않았다. 그 회사에서 한 직급을 낮추어 과장 타이틀을 제안한 터라, 그는 절대로 안 된다는 완고한 입장을 취했다. 나는 그에게 직급의 차이만 보지 말고, 기회의 차이를 보라고 충고했다. "과장이라고는 하지만 현재 일하고 있는 회사와 비교하면, 회사의 규모나 맡게 될 업무가 현격히 업그레이드된 자리입니다. 모든 면에서 상승할 수 있는 기회예요." 그러나 그는 정색을 하며 "과장이라니요? 현재 회사의 규모가 작기는 하지만, 저는 차장 2년 차예요. 여기서 후퇴할 수는 없죠"라고 답했다.

사실 그가 재직 중인 회사는 규모가 매우 작았다. 사장, 부사장 아래 차장인 그가 서열 3위였다. 이런 상황을 파악하지 못한 채, 안타깝게도 그의 귀에는 '과장'이라는 단어 외에는 아무것도 들리지 않았나보다. 물론 직급을 낮추어 이직하는 것이 기분 좋은 일은 아니며, 일반적이지도 않다. 그러나 그의 경우는 놓치기 아까운 기회였다. 냉정하게 평가하면, 그가 다시 이런 제안을 받기란 쉽지 않아 보였다.

윤 차장처럼 우물 안 개구리가 되어서는 안 된다. 그렇게 좁은 시야를 가진 사람은 바깥세상이 자신에게 매긴 가치를 알지 못하고, 인정하지도 않는다. 많은 사람이 현재 몸담은 조직이 자신이 사는 세상의 전부라고 착각하고, 그곳에서 맡은 업무, 직급, 연봉만이 자신을 정의하는 전부라고 여기며, 바깥세상의 평가에는 무신경하다.

윤 차장의 경우를 다시 생각해보자. 본인도 말하지 않았는가. "현재 회사의 규모가 작다"고 말이다. 우물 안에 있던 사람이 큰 물에서도 똑같은 대우를 받길 기대하는 것은 지나친 욕심이다.

자기 자신의 가치를 객관적으로 바라보아야 한다. 당신이 세상에서 어떤 위치에 있는지 확인하라.

## 연봉

"제가 제대로 대우받고 있는 건가요?" 내가 가장 많이 받는 질문 중 하나이다. 연봉은 직장인의 자존심이라고도 할 수 있는데, 그만큼 한 사람의 가치를 보여주는 상징성을 지닌다는 의미이다. 직장인은 이직 시 바깥세상과 마주하며, 연봉을 통해서 재평가가 이루어진다.

### 사례 1. 중견 식품회사의 차장

식품회사인 I사는 내부 사정으로 최근 몇 년간 연봉 인상이 거의 없었다. 그러다보니 이 회사에서 근속한 이 차장의 연봉은 업계 대비 천만 원 이상이나 낮은 상태였다. 그는 회사의 주요 신제품 출시를 도맡아했으며, 그 제품들에 대한 반응도 좋아서 확실한 성과 기록이 있는 인재였다. 이직하면서 그가 제시한 30퍼센트 이상 상승된 희망 연봉을 새 회사는 주저 없이 승낙했다.

### 사례 2. 마케팅 컨설팅 회사의 차장

나와 이직 상담을 했던 12년 차 김 차장은 자신감이 넘쳤다. 내가 희망 연봉을 묻자, 해당 회사의 동일 연차 직원의 평균 연봉보다 최소 15퍼센트 이상 더 받길 원한다고 당당하게 말했다. 그러나 인터뷰를 진행한 임원의 피드백은 부정적이었다.

"그분이 요구한 금액이 우리가 절대로 못 맞춰줄 정도는 아닙니다. 오히려 모셔오고 싶은 분이면 더 드릴 수도 있어요. 그런데 12년 차면 우리 회사에 와서 한 팀을 맡아 이끌어야 하는데, 그러기에는 그분의 역량이 너무 부족합니다. 저뿐만 아니라 인터뷰에 함께 참석한 세 분의 임원 모두 의견이 같습니다. 게다가 제시한 연봉까지 낮지 않으니, 저희로서는 데려오기가 어렵겠습니다."

안타깝지만 그가 현재 받고 있는 대우는 오히려 과대평가된 셈인데, 혼자만 그 사실을 모르는 것 같다.

이직 시 당신이 기대한 만큼 연봉이 올라가지 않으면, 당연히 속상할 것이다. 그러나 불평하기 전에 스스로를 객관적으로 재평가할 필요가 있다. 업계의 평가가 기대보다 낮으면, 인정하기 힘들겠지만 겸손하게 받아들여라. 인정한 이후가 중요하다. 낮은 가치를 업그레이드하기 위해 노력한 사람과 그렇지 않은 사람은 몇 년 후 그 가치가 또 달라질 것이다.

## 직급

직장인에게 타이틀은 중요하며, 직급이 한 계단씩 올라가는 것은 큰 의미가 있다. 직급이 주는 상징성이 과거에 비해 희미해졌다고는 하지만, 그것은 여전히 직장생활에서 자부심을 느끼게 만드는 요소 중 하나이다. 일반 사원이었다가 처음으로 대리라는 감투를 달았을 때의 즐거움이나 팀장, 임원이 되었을 때의 기쁨은 엄청나다. 그러나 회사에서의 계급장이 모든 것을 말해주는 것은 아니다. 당신의 가치는 직급이 아니라 전문성을 갖추었을 때 드러난다.

당신의 역량이 업계에서 어떻게 평가되고 있는지 확인하라. 특히 한창 일하는 과장 시기까지는 직급에 너무 연연해할 필요가 없다. 일례로 정 대리는 타 회사의 팀장급 업무를 할 만큼 업그레이드된 업무를 척척 해냈기 때문에, 경쟁사들이 그의 현재 직급과 상관없이 앞다퉈 스카우트하려고 한다.

## 회사에 묻어가지 마라

어느 날, 한 이직 후보자로부터 전화를 받았다. 그는 모 다국적 소비재 업체의 재직자라고 자신을 소개했다. 2000년대 초반부터 그 회사 출신들이 대기업의 임원으로 러브콜을 받으면서, 그곳은 더욱 시장의 주목을 받고 있었다. 그런데 그의 전화 태도가 조금 당황스러웠다. "나 정도면 어디든지 갈 수 있다"며 목에 힘이 잔뜩 들어간 상태였다. 더욱이 그의 경력 또한 회사의 명성을 따라가지 못했다. 이후에 그는 상당히 오랫동안 이직에 성공하지 못한 것으로 알고 있는데, 이는 나에게 그다지 놀라운 일이 아니다.

현재 회사에서 당신의 가치가 완전히 독립적일 수는 없으나, 그 안에서 평가받은 가치에만 묻어가려고 하다가는 큰코다치게 된다. 자신의 가치를 높이는 노력을 게을리하지 말아야 한다.

'동료 효과'는 동료의 행동과 사고방식에 영향을 받아 개인의 행동이 변하는 긍정적인 효과를 말한다. 이것을 잘못 해석하여 '동료와 선배가 이 정도의 회사로 옮겼으니, 나도 그 정도는 갈 수 있겠지'라고 생각하는 것은 위험하다. 물론 이런 생각은 스스로에게 동기부여를 함으로써 가능성을 키울 수도 있다. 그러나 자칫하다가는 회사의 가치만 믿고 자만심을 키우는 모양새가 되어, 오히려 당신의 경쟁력이 뚝 떨어질 것이다.

이직은 세상에서 당신의 위치와 가치를 확인하는 기회가 된다. 만약 당신의 가치가 생각보다 높지 않음을 알게 되었다면, 그것 자체가 값진 교훈이며 앞으로 발전할 수 있는 계기가 될 것이다. 자기가 최고인 줄 알고 마냥 우쭐대다가 결국 갈 곳 없는 신세가 되는 것보다는, 지금이라도 자신의 가치를 제대로 알고 상승시킬 기회가 주어진 것에 감사해야 한다. 한편 당신이 가진 가치보다 과소평가되었음이 확실하다면, 제대로 평가받기를 요구하는 당당함도 필요하다.

# 23

# 여성의 이직,
# 도전 안에 기회가 있다

도전을 두려워하지 않을 때
'유리 천장glass ceiling'을 뚫을 수 있다.

나 역시 여성임에도 불구하고, 채용 시 기업에서 내세우는 남성 우대 조건에 대해 그러려니 하는 것을 보면, 우리나라의 남성 우대 사상이 뿌리 깊기는 한 듯하다. 그러나 '남성 우대'는 순화된 표현일 뿐, 실상은 '오직 남자만 가능하다'는 말과 마찬가지이다. 남성을 우대하는 조건은 그 회사에 맞는 인재의 양이 반 이상 줄어드는 셈이기 때문에, 내 입장에서는 적임자를 찾으려면 어쩔 수 없이 애를 먹게 된다.

특히 요즘처럼 스펙 좋고 똑똑한 여성이 넘쳐나는 인재 시장에서 여성이라는 이유만으로 배제된다는 사실이 안타까울 때가 적지 않다. 조직 구성이나 업무의 특성상 남성을 선호하는 것이 이해되는 회사도 있으나, 별다른 이유 없이 여성을 배제하는 경우에는 아쉽고 답답한 마음이 든다.

그러나 이런 불리한 환경 속에서도 승승장구하는 여성들이 있는데, 그녀들을 관찰해보니 이직을 할 때 상대적으로 도전을 두려워하지 않는다는 공통점이 있었다. 남들이 보기에는 그리 안전한 길이 아닌 것처럼 보일 수도 있는 기회를 그녀들은 용기를 내어 잡았던 것이다.

예를 들어 보수적인 문화로 알려진 모 대기업에서 최초로 여성 임원을 영입한 적이 있었다. 그 기업 임원의 평균 연령을 감안하면, 원하는 여성 임원의 연령대가 30대 후반에서 40대 초반인 점이 매우 파격적인 데다가 기타의 조건도 아주 훌륭했다. 그러나 업계에서 일 잘하기로 소문이 난 많은 여성들은 그 조건들을 잘 알고 있으면서도 지원하기를 거부했다. 이유는 안전한 자리가 아니라는 것이었다. 그녀들은 처음으로 여성에게 큰 직책을 주는 것인데, 과연 오래갈 수 있겠냐며 우려했다. 이런 분위기에도 불구하고, 그곳에 지원하여 합격한 한 여성은 몇 년이 지난 지금도 승승장구하면서 업계에서 몇 안 되는 여성 임원으로 이름을 날리고 있다.

## 도전하지 않으면 기회는 없다

쭉쭉 올라가는 여성 경력자들은 역량이 뛰어난 것은 물론이고,

상대적으로 도전적인 길을 걸음으로써 기회를 잡은 경우가 많다. '유리 천장'이라는 눈에 잘 띄지 않지만 단단한 벽이 있는 상황에서, 여성들의 도전 정신이 부족하다며 탓할 수만은 없다. 그러나 여성에게 불리한 직장 환경 속에서 성공하는 방법은 위험을 동반한 도전을 하는 수밖에 없다는 생각도 든다. 특히 연차가 쌓일수록 도전하는 자세가 더욱 필요하다.

유리 천장은 직급이 올라갈수록 심해지기 때문에, 팀원들은 모두 여성이고 팀장만 남성인 경우를 흔히 볼 수 있다. '팀장은 남자가 하는 것이니 당연히 나는 어렵겠구나'라고 미리 자포자기하면서, 기회를 주지 않는 기업에 그냥 눌러앉는 여성들도 적지 않다. 반면에 길이 보이지 않으면 길이 열려 있는 기업으로 더 늦기 전에 이직해서, 능동적으로 자신의 길을 만드는 여성도 있다. 이들 중 누가 성공할 확률이 높은지는 명백하다.

"그래도 가만히 있으면 최소한 안전하지 않느냐? 섣불리 도전했다가 본전도 못 찾을 것 같다"는 말을 하는 사람도 있다. 그러나 이 말은, 움직이지 않고 가만히 있는 것이 안전한 시대는 이미 끝났음을 모르는 사람들의 변명일 뿐이다. 정체는 퇴보와 마찬가지이다.

모 대기업의 패션 디자이너인 한 차장은 도전을 통해서 본인이 원하는 자리를 쟁취한 사례이다.

"외국 라이선싱 업체와 제휴한 브랜드를 맡게 되면서 외국인 디자이너와 한두 달 작업을 같이하는 기회가 있었죠. 영어를 잘 못했지만, 그 과정이 참 즐거웠어요. 그리고 다국적 회사에서 기회를 잡는다면, 더 대우받으면서도 일과 삶의 균형이 가능할 것이라는 점을 깨달았어요."

그녀의 문제는 영어 능력이었다. 국내의 업무 환경이 영어를 많이 필요로 하지 않았기 때문에, 그녀가 새롭게 외국인과 일하는 것은 더욱 어렵게 느껴졌다. 그러나 한 차장은 포기하지 않았다.

"전화 영어를 하루에 10분씩, 거의 하루도 빠지지 않고 3년을 했죠. 지금도 하고 있어요. 언젠가 기회가 오면 정말 잘하고 싶었거든요."

그리고 마침내 그 기회가 찾아왔다. 외국의 한 패션 업체에서 능숙할 필요까지는 없고, 중급 정도의 영어를 구사하는 디자이너를 찾았다. 패션 디자이너들 중 영어를 그 정도로 하는 사람이 흔치 않은 현실에서, 그녀가 그 기회를 잡았다.

## '최초'라는 위험 뒤에는 기회가 따라온다

몇 년 전 국내의 한 대기업 회장이 여성 임원도 사장이 될 수 있다며, 여성 인력의 중요성을 강조해서 화제가 된 적이 있었다.

모르긴 몰라도 이 발언 이후 해당 기업 내의 여성 채용에 대한 관심이 부쩍 늘지 않았을까 싶다. 기업에서 여성 임원을 소개해 달라는 요청은 이제 아주 희귀한 일은 아니지만, 아직까지 '해당 기업 최초의 여성 임원 영입'이라는 수식어가 붙는 경우가 많다. 이는 어떻게 보면 여성들에게 큰 기회이며, 또 달리 보면 매우 위험한 일이기도 하다. '최초'라는 것은 기업의 입장에서도 실험일 수 있기 때문이다.

임원 직책뿐만 아니라 최초라는 수식어를 붙이며 여성을 영입하는 경우, 그곳에 입사하는 여성 입장에서는 큰 도전이다. 회사의 정치적인 상황 때문에 여성의 채용을 결정했지만, 미처 여성 인력을 맞이할 준비가 되지 않은 경우도 있고, 남성 중심 문화에 밀려서 소외되는 곤란한 상황이 발생하기도 한다. 기업의 경직되고 배타적인 분위기 속에서 정작 여성은 회의할 때 발언의 기회조차 갖지 못한다는 울분 섞인 이야기도 들은 적이 있다. 이처럼 최초는 이득이 있지만, 분명 그만큼 위험 부담도 크다.

그러나 여성이 자신을 가로막고 있는 유리 천장을 깨고 한 단계 상승하기 위해서는 어느 정도의 모험을 감수해야 한다. 최초로 도전해서 설사 실패하더라도, 그녀가 이후에 가지게 될 프리미엄은 적지 않다. 남성 중심의 기업문화와 정세에 밀려서 해고당한 뒤 실의에 빠진 친구에게 전 직장의 여성 상사가 이런 말을 했다고 한다.

"한 번 해고되었다고? 나는 임원이 된 이후에 최근 몇 년 동안 매번 회사에서 해고당했어. 대부분 사내 정치에서 밀렸지. 그렇지만 나에게 다시 손을 내민 기업들은 내가 해고된 사유보다는 내가 한 도전을 더 높이 샀어."

그 여성 상사가 임원으로 간다고 했을 때 모두들 그녀가 오래 버티지 못할 것이라고 예견했으며, 실제로 그녀가 느낀 벽은 생각보다 높았다고 한다. 회사에서 밀려나다시피 퇴사했지만, 이후로 그녀는 무너지지 않고 계속해서 다른 기업의 임원으로 제안받았다. 좁은 시장 상황 속에서 회사들은 그녀가 밀려났다는 것을 모를 리 없었으나, 그 경험이 분명 그녀를 더욱 성장시켰을 것이라고 믿었기에 그녀의 도전은 성공한 셈이다. 이는 두려워하지 않고 도전한 덕분에 그녀가 쟁취한 프리미엄이다.

도전할 때 당신은 더욱 성장하고, 세상도 당신의 도전 정신을 높이 살 것이라는 점을 기억하기 바란다.

# Part 4

프로의 세계로
나아가라

모든 직업에는 공통적으로
환영받는 가치와 기술이 있다.

# 24

# 대체 불가능한
# 인재가 되어라

회사가 기대하는 업무의 가치를 찾아내면,
당신의 가치는 저절로 업그레이드된다.

서울의 중상위권 대학교의 영문과 출신인 노씨는 소비재 분야의 J사에서 영업부를 지원하는 일을 하고 있다. 6년 차 직장인인 그녀는 현재 자신의 업무에 큰 불만이 없다가도, 가끔씩 회의감이 들어서 힘들다고 말했다. 스포트라이트는 자신이 지원하는 다른 직원들이 모두 받고, 정작 본인은 늘 그늘에서 보조 업무만 하는 것 같아서 속상하다며, 더 의미 있는 일을 하고 싶어 했다.

"지금도 크게 나쁘지는 않아요. 월급도 별로 불만이 없고, 업무 분량도 양호하고, 회사도 안정적이구요. 그런데 뭐랄까……. 영화로 치면 주인공이 아닌 조연 역할을 한다는 느낌입니다. 제가 하는 업무가 회사에 크게 중요한 일 같지가 않아요. 핵심 업무를 하는 사람은 따로 있고, 저는 뒤에 있다는 회의감이 들어서

힘드네요."

다른 사람의 업무를 지원하는 일을 하는 사람들만 이런 회의감을 느끼는 것은 아니다. 정도의 차이는 있지만, 위와 같은 이유로 직업 만족도가 낮은 직장인이 많다. 당신의 업무에 대해서 이런 생각이 든다면 정신 건강을 해치는 것일 뿐만 아니라, 이런 열의 없는 상태는 자연스레 업무 태도에 반영되면서 당신의 평가에 부정적인 반응을 가져온다. 본인의 업무에 열정이 없다보니 싫은 소리를 듣지 않을 정도로만 일하게 되고, 이런 행동이 고스란히 회사의 눈에 보이는 것이다. 만약 이런 모습으로 직장 생활을 계속한다면, 당신은 회사의 키워주고 싶은 인재 범위 밖으로 점점 밀려나게 된다.

## 업무의 상위 가치를 찾아라

많은 직장인이 판에 박힌 업무를 매일매일 해야 하는 것에 회의감을 느끼며, 자신이 하루 종일 책상 앞에 붙어서 하는 업무가 과연 가치 있는 일인지 고민한다. 지원 부서에 근무하지 않더라도, 어떤 식으로든지 누군가는 다른 사람의 업무를 지원하는 것이 우리의 일이다. 마케팅은 영업을 지원하고, 영업 역시 마케팅을 지원하는 업무가 있으며, 모든 부서는 고객사를 지원한다. 타인을 지원하지 않는 업무란 없다. 다만 종류와 정도의 차이가 있을 뿐이다. 그렇기 때문에 '내가 하는 일은 중요도가 떨어진다'는 식으로 받아들이기 시작하면, '의미 있는 업무는 하나도 없다'는 극단적인 생각까지 들 수 있다.

당신이 하고 있는 업무가 만들어내는 가치가 무엇인지 검토해보자. 회사가 당신을 채용함으로써 어떤 가치를 창출하길 원하는가.

앞서 예로 들었던 노씨가 하는 업무가 무엇인지, 그녀의 업무에 어떤 가치가 있는지 살펴보자. 그녀는 영업부에서 다음의 세 가지 업무를 중점적으로 맡고 있다.

**기본 업무**

- 예산 관리
- 인사 업무 지원
- 회계 업무 지원

위의 기본 업무가 가지는 가치와, 회사가 노씨를 뽑을 때 궁극적으로 공헌하기를 기대한 가치는 무엇일까? 바로 매출 증대이다. 영업 사원만 매출에 책임이 있는 것이 아니라, 영업을 지원하는 그녀도 책임을 져야 한다. 그녀가 지원을 제대로 하지 않으면, 영업 담당자들은 영업에 온전히 집중할 수 없고, 영업하는 시간과 노력을 관리 업무에 쏟으며 업무 집중도를 떨어뜨릴 것이다. 그러므로 그녀의 업무는 회사의 매출에 간접적으로 큰 영향을 미치는 일임을 알 수 있다.

또 하나의 예를 들어보자. 기업의 제품 매뉴얼을 번역하는 일을 하는 후배는 업무가 반복적이고 지루하다며 불만을 늘어놓았다. 그녀의 업무 가치를 생각해보면, 기계적으로 번역만 하는 것이 아님을 알 수 있었다. 소비자가 매뉴얼을 정확하게 이해할 수 있도록 쉽게 번역함으로써, 소비자의 불만은 줄이고 제품에 대한 만족도를 높이는 일이었다. 또한 제품의 재구매를 유도할 뿐만 아니라, 기업의 이미지에도 큰 영향을 미치는 중요한 업무였다. 즉 그녀의 번역은 '단순한' 업무가 아니었다.

맡은 업무의 가치를 알고 일하는 사람은 그렇지 않은 동료와는 차원이 다른 인재가 된다. 자신이 하는 일의 상위 가치를 알면 그 업무를 즐기게 되며, 그것이 그대로 업무 성과로 나타나기 때문이다. 당연히 이런 사람은 회사의 눈에 띄기 마련이다. 당신이 어떤 일을 하더라도 그 가치를 찾을 수 있다. 업무의 가치를 찾은 사람은 업무 만족도가 상승하고, 회사에서 자신의 가치 또한 상승된다.

## 인재가 되는 지름길을 찾아라

당신과 똑같은 일을 하는 사람은 수없이 많다. 이 말은 당신이 언제든지 대체 가능한 사람이라는 뜻이다. 반면에 업무에 부여된 진정한 가치를 찾고, 그 가치를 실현하는 사람은 대체 불가능한 인재가 된다. A 지점에서 B 지점으로 이동시켜주기만 하는 자동차와, 타면 탈수록 기분이 더 좋아지는 자동차의 차이와 같다고나 할까.

똑같은 업무가 매일 반복된다며 지루해하는 사람은 발전할 수 없다. 본인에게 주어진 일만 하면, 당연히 일은 갈수록 재미없어질 것이다. 매뉴얼에 적힌 순서대로 부품을 조립하듯이 기계적으로 일하게 될 텐데, 그것이 재미있겠는가. 그러나 업무가 창출해야 하는 가치를 아는 사람은 큰 그림을 볼 줄 안다. 성공한 사람들을 만나보면, 아무리 작은 업무라도 가치를 찾아내어 그 일에 집중했음을 알 수 있었다. 그들은 회사로부터 점점 인정을 받으면서 더욱 비중 있는 업무를 맡게 되었고, 그 결과 성공을 이루었다.

업무 하나하나가 무엇을 위한 것인지 인식하면 업무에 접근하는 방식이 달라지며, 자연히 결과도 달라진다. 같이 일하고 싶고, 능력을 인정받는 인재가 되는 것은 시간문제이다.

# 25

# 이미지 혁신 방법은
# 바로 퍼스널 브랜딩이다

비슷한 능력을 가진 사람은 많다.
당신만의 브랜드를 개발하라.

다국적 홍보 에이전시에서 일하던 조 본부장은 최근 모 기업의 마케팅 임원으로 이직하여 동료들의 부러움을 샀다. 쟁쟁한 경쟁자들을 제치고 합격할 수 있었던 이유는 평소 그의 퍼스널 브랜드 관리가 큰 효과를 본 듯하다. 그의 브랜드는 '현대판 베짱이', 즉 즐기면서 성과를 내는 사람이다. 그를 부정적으로 보는 사람들은 그가 일을 제대로 하지 않는다면서 손가락질했다. 그는 아이디어를 구상한다며 책을 읽거나, 관련 인물들을 만나러 다닌다며 외근이 잦아서 핀잔을 듣기 일쑤였다.

그렇지만 그의 업무 태도에 대해서 다른 평가를 내리는 사람도 많았다. 조 본부장이 노는 것처럼 보여도, 맡은 업무에 대해서 철저한 사람이라는 평이 다수였다. 그가 최근 굵직한 신규 고객사를 영입하는 데 공헌한 점도 있겠지만, 평소 회의 시간에 보여주는 모습 때문이었다. 회의가 있을 때면 대부분의 사람들이 별 준비 없이 참석하는 것과 달리, 조 본부장은 반드시 아이디어를 한 가지 이상 준비해서 발표했다. 이런 준비성이 그를 '현대판 베짱이'라는 브랜드로 각인시키는 발판이었다.

브랜딩이 제대로 된 사람은 캐릭터가 있다. 경력이 쌓일수록 일을 잘하는 것은 기본이고, 그 이상의 무엇이 있어야 한다. 조 본부장과 경쟁한 다른 후보자들도 일을 잘한다고 소문이 난 사람들이었지만, 기업의 선호도에서 밀렸다. 동일한 업무 능력을 가진 직장인이 넘쳐나는 상황에서, 타인과의 차별화를 위한 '퍼스널 브랜딩'은 매우 중요한 전략이다.

그렇다면 퍼스널 브랜드는 어떻게 만들 수 있을까?

## 지속적인 노력이 자신만의 브랜드를 만든다

처음부터 브랜드가 존재하는 것은 아니다. 기업의 세심한 기획과 전략에 의해 하나의 브랜드가 탄생하는데, 바로 이 과정을 브랜딩이라고 한다. 퍼스널 브랜드의 탄생도 마찬가지이다. 당신만의 브랜드를 만들려면, 브랜딩 과정을 거쳐야 한다.

조 본부장이 즐기면서 성과도 확실히 내는 사람이라는 '현대판 베짱이' 브랜드를 구축했듯이, 당신도 하나의 긍적적인 모습을 꾸준히 보이면 자신만의 퍼스널 브랜드를 만들 수 있다. 이때 중요한 것은 '지속성'이다. 조 본부장의 퍼스널 브랜드는 회의에서 한두 번 아이디어를 냈다고 해서 만들어진 것이 아니었다. 회의 때마다 지속적으로 보여준 모습 때문에, 평상시 나태해 보일 수 있는 업무 태도에도 불구하고 자신만의 브랜드를 가지게 된 것이다.

한두 번의 노출은 웬만큼 인상적이지 않고서는 기억에 남기 어렵다. 단 몇 번의 시도로 당신의 브랜드가 구축될 것이라고 생각하면 큰 오산이다. 사람들은 항상 당신만을 주목하고 있지 않다. 애플의 전 CEO인 스티브 잡스를 유명하게 만든 대표적인 요인은 그의 프레젠테이션 스타일이었다. 수많은 카피를 만들어낸 그의 스토리텔링, 검은 터틀넥과 청바지 의상 등 프레젠테이션의 여러 요소가 지속적으로 사람들에게 각인되면서 명성이 쌓였다는 점에 모든 사람이 공감할 것이다. 스티브 잡스처럼 자신만의 차별화된 브랜딩을 하면, 그 브랜드는 영원할 수 있다.

높은 토익 점수, 자격증 취득 등의 고스펙 경쟁으로 차별화를 시도하는 방법은 비용과 노력 면에서 현명한 전략이 아니다. 당신보다 고스펙을 가진 사람이 출현하는 순간, 그 차별화 전략은 깨지기 마련이다. 그러므로 당신만의 고유한 브랜드를 창출해야 차별화 전략이 성공할 수 있다.

## 전략적으로 포장하라

주변을 살펴보면 분명히 과대평가되거나 과소평가된 사람들이 있는데, 대부분 사소한 원인이 그 차이를 만든 것을 알 수 있다. 예전 직장의 관리부 손 부장은 과소평가된 경우였다. 험담 대상 1위에 올랐던 그는 무뚝뚝한 표정에 똑같은 말을 해도 '정떨어지게 한다'는 평가를 받았다. 그런 이유에서인지 회사에서 겉도는 느낌이 들었는데, 역시나 머지않아 존재감이 없는 상태에서 다른 곳으로 이직했다. 그런데 누군가가 안타깝다는 듯이 이렇게 말했다. "그 사람 참 괜찮은데, 표정이나 행동이 무미건조하다보니 항상 오해를 받는단 말이야." 본인을 포장할 줄 모르는, 즉 브랜딩이 무엇인지 모르는 안타까운 사례이다.

이와는 반대로 후배 유씨는 자신의 약점을 잘 알고, 그것을 극복한 사람이다. 그녀는 아는 사람이든 모르는 사람이든 무조건 먼저 웃고 말을 건넨다. 그녀의 낯을 가리지 않는 '미소 전략'에는 나름대로 사연이 있었다.

"어렸을 때부터 인상이 안 좋다는 소리를 많이 들었어요. 그래서 가족들이 너는 무조건 많이 웃어야 한다고 했어요. 가족이 걱정하는 것을 듣고, 진지하게 받아들였죠."

솔직히 그녀는 가만히 있으면, 무슨 나쁜 일이 있는 것은 아닌지 생각될 정도로 인상이 좋지 않았다. 그러나 후배의 전략은 성공했고, 이제 그 누구도 그녀의 인상이 나쁘다고 말하지 않는다. 한 번 만난 사람과도 스스럼없이 친구가 되는 능력으로 그녀는 '네트워크의 여왕'이라고까지 불린다.

평범한 개인의 브랜딩이 기업처럼 치밀한 기획력하에 많은 비용을 투자하며 이루어질 수는 없다. 그렇기 때문에 자신이 구축하고 싶은 퍼스널 브랜드에 대해서 꾸준히 의식하는 노력을 해야 한다. 본인의 모습을 의식하지 않으면, 자신도 모르는 사이에 부정적인 이미지의 브랜드로 자리매김되어 부당하게 승진에서 제외되고, 스카우트 대상에서 멀어지며, 직원들과의 관계에서 불편한 사람이 될 수도 있다.

알고 보면 우리는 작은 것에 깊은 인상을 받지 않는가. 삼삼오오 모여서 다른 동료와 상사를 두고 뒷말을 할 때 잘 들어보면, 거의 대부분 작은 부분에 대한 것들임을 알 수 있다. 얼굴 표정, 말버릇, 행동, 옷차림 등 당신이 조절할 수 있는 수많은 요소가 쌓여서 당신의 퍼스널 브랜드를 만든다. 당신이 어떻게 하느냐에 따라 긍정적인 브랜드가 탄생하기도 하고, 혹은 그 반대가 될 수도 있다. 기억하라, 작은 차이가 당신만의 퍼스널 브랜드를 만든다.

# 소프트 스킬이
# 하드 스킬을 이긴다

기업은 소프트 스킬이 부족한 사람에게
손을 내밀지 않는다.

"능력도 안 되는 사람이 대체 어떻게 그 자리까지 올라갔는지 모르겠어요. 잘하는 것은 사내 정치 말고는 없는 사람이에요. 운을 타고난 것 같네요. 일은 정말 못하는데."

회사에서 잘나가는 누군가를 험담할 때 자주 나오는 말이다. 그런데 그가 과연 능력 없이 운 좋게 그 자리에 올라갔을까? 기업은 자선사업을 하지 않는다. 능력 없는 사람에게 많은 돈을 주며 중요한 일을 시킬 이유가 없다. 별것 없어 보이는 그에게는 무엇인가 있으며, 그것은 대부분의 경우 소프트 스킬이다. 사내 정치에만 힘쓴다는 김 부장의 '정치력'도 중요한 소프트 스킬 중 하나이다. 인정하고 싶지 않겠지만, 이것이 현실이다.

"하드 스킬hard skill이 중요한가, 소프트 스킬soft skill이 중요한

가?"라는 말들을 많이 한다. 하드 스킬은 학교에서 배운 지식이나 기술, 지금도 열심히 쌓고 있는 스펙을 의미한다. 영어 능력, 자격증 등이 대부분 하드 스킬에 포함된다. 반면에 소프트 스킬은 학교에서 쉽게 배울 수 있는 것이 아니다. 관계의 기술, 커뮤니케이션 능력, 태도, 팀워크 등이 바로 소프트 스킬이다. 지금은 바야흐로 소프트 스킬이 각광받는 시대이다. 따라서 여태껏 하드 스킬만 신경썼던 당신이라면, 지금이라도 소프트 스킬을 갖추어야 한다.

## 소프트 스킬을 갖춘 사람이 빨리 적응한다

명문대 출신, 뛰어난 어학 능력, 대기업에서 착실히 쌓은 경력이 쓰인 이력서를 보면, 일단은 꽤 괜찮은 인재라는 생각이 든다. 이 부장 역시 이런 이력의 소유자로서, 사람들은 매번 그가 인터뷰에서 떨어지는 것을 의아해했다. 그러나 실제로 그와 인터뷰를 한 인사 담당자들은 아쉬움을 느낀다. 그의 가장 큰 문제가 바로 부족한 자기표현 능력이기 때문이다. 이 부장이 가진 자질과 매력이 100점이라면, 그의 자기표현력은 50점밖에 되지 않았다. 이 점수는 그의 소심한 태도도 한몫했다. 쉽게 말해서 그는 소프트 스킬이 부족한 사람이다.

어쩌면 사원 시기까지는 하드 스킬로 버틸 수 있을지 모르지만, 대리 직급만 되어도 소프트 스킬이 부족한 사람은 슬슬 뒤처지기 시작한다. 그리고 팀장이나 임원 직급에 이르면 소프트 스킬이 떨어지는 사람을 찾아보기 힘들며, 있더라도 앞서 말한 이 부장처럼 고전을 면치 못한다. 기업에서는 하드 스킬이 아무리 뛰어나더라도 소프트 스킬이 부족한 사람을 위의 직급으로 올려보내지 않는다. 일정 수준 이상의 스펙이 종국에는 성공에 큰 변수가 되지 않는 이유 중 하나이다. 기업이 원하는 커뮤니케이션 능력, 유연한 태도, 관계 지향적 마인드 등은 스펙 쌓기로는 채워지지 않는다.

직업 관리에도 소프트 스킬의 중요성은 크게 부각된다. 스펙이 좋은 사람은 일단 서류 단계까지 쉽게 통과될 수 있겠지만, 기업은 소프트 스킬이 부족한 사람에게 함께 일하자고 손을 내밀지 않는다. 상위 직급으로 올라갈수록 이런 경향은 강해진다. 다수 기업의 임원들의 스펙을 조사해보니 지방대 출신이 명문대, 소위 말하는 스카이 출신보다 많다는 신문 기사를 읽은 적이 있다. 이는 놀라운 일이 아니다. 나는 임원이 될 수 있는 저력은 스펙보다 소프트 스킬이라고 확신한다.

하드 스킬은 어느 회사를 가더라도 있는 그대로만 적용되어 유동성이 없지만, 소프트 스킬은 회사와 환경, 함께 일하는 사람에 따라 유연하게 변화한다. 대표적으로 커뮤니케이션 능력을 떠올려보자. 이 능력은 일단 인터뷰에서부터 돋보이므로, 자신을 가장 멋지고 효과적으로 표현함으로써 기업의 선택을 받게 만드는 힘이 있다. 직업을 바꾸고 회사를 옮겨도 기업문화와 주변 사람에 따라 다른 방식으로 커뮤니케이션을 해야 하며, 때로는 다른 태도를 취해야 한다. 이렇듯이 소프트 스킬이 뛰어난 사람은 자연히 빨리 적응할 수 있으며, 그만큼 성과를 내게 된다.

## 벤치마킹을 통해 배워라

커뮤니케이션 능력, 프레젠테이션 능력, 협상력 같은 일부 소프트 스킬은 MBA나 학원 수강 등을 통해 배울 수 있다. 또는 다양한 자기계발서를 통해서도 어느 정도 습득이 가능하다. 그러나 가장 좋은 방법은 현장에서 배우는 것이다. 소프트 스킬의 특성상 직접 경험해가며 시행착오를 통해서 스스로 습득하지 않으면, 머릿속에 지식으로만 남는다. 교과서적인 지식으로는 그 능력들이 키워지지 않기 때문이다.

벤치마킹은 소프트 스킬을 상승시키는 가장 좋은 방법이다. 주변의 소위 '잘나가는' 사람들을 떠올리고, 당신이 험담했던 그들이 왜 그렇게 거슬렸는지 곰곰이 생각해보라. 그들은 당신이 가지지 못한 소프트 스킬을 가지고 있을 것이다. 말만 잘하는 박 차장은 커뮤니케이션 능력이 좋은 것이며, 정치만 하는 정 부장은 분위기를 잘 읽는 센스가 있으며, 거들먹거리는 이 대리는 자신감이 넘치는 사람이다.

능력 없이 운으로 그 자리까지 올라갔다고 생각했던 상사와 동료를 다시 한 번 눈여겨보라. 그들은 대부분 소프트 스킬이 발달한 사람일 것이다. 조금 아니꼽더라도 그들을 관찰함으로써, 당신에게 없는 소프트 스킬을 당신의 것으로 만들어라.

자격증과 달리 손에 잡히는 실물이 없는 소프트 스킬은 습득하기가 쉽지 않다. 그러나 배우려는 사람 누구에게나 열려 있는 것이 장점이다. 하드 스킬의 습득에는 많은 시간과 비용을 투자해야 하지만, 소프트 스킬은 어떻게 마음먹느냐, 어떤 태도를 가지느냐에 따라 그 능력이 상승할 수 있다. 또한 주변의 도움을 받아 많은 부분이 습득 가능하다.

본인의 부족한 점을 알고 타인에 대한 모방으로 시작해서 결국에는 자신의 기술로 습득하는 사람이 있는 반면, 회사를 나가는 순간까지 큰 변화가 없는 사람도 있다. 안씨는 프레젠테이션 능력이 부족한 것이 항상 본인에게 큰 마이너스 요인이라고 생각했다. 그는 상사의 프레젠테이션을 유심히 관찰하며, 자신이 체득할 수 있는 부분을 항상 메모하고 기억하여 연습했다. 그 결과, 지금은 프레젠테이션을 하면서 자신이 전달하고자 하는 바를 정확히 전달할 수 있다는 자신감이 붙었다.

이처럼 당신의 주변에는 배울 수 있는 살아 있는 교과서들이 있음을 기억하라. 부러우면 지는 것이 아니라, 아무것도 하지 않으면 지는 것이다. 소프트 스킬soft-skill 없이 당신은 기업에 안착soft-landing할 수 없다.

**<u>소프트 스킬의 종류</u>**

| | |
|---|---|
| 커뮤니케이션 능력 | 네트워크 |
| 리더십 | 창의성 |
| 팀워크 | 자신감 |
| 주인 의식 | 스트레스 관리 능력 |
| 프레젠테이션 능력 | 협상력 |

# 영업 마인드가
# 스카우트되는 최고의 비결이다

기업이 당신을 채용한 이유는 궁극적으로 단 하나,
기업 매출에 공헌하기를 기대하기 때문이다.

광고회사에서 근무하던 시절, 나도 일 하나는 자신 있던 때가 있었다. 입사 후 1년이 조금 지나 대리가 되었고, 또 1년이 지나자 차장이 되었다. 부장 직급도 동료보다 훨씬 일찍 달았다. 그러나 승승장구하는 것도 거기까지였다.

나는 부장이 된 후 신규 고객사 영입에 대한 직접적인 압박에 짓눌렸다. 내가 자신 있어 하던 업무들은 이제 부하 직원들이 하게 되니, 입지가 좁아지며 눈치가 보이기 시작했다. 동료 부장은 매일 외출로 분주하더니 얼마 후 새로운 클라이언트를 영입했고, 그는 곧 국장으로 승진했다. 일 잘하는 것 하나만으로는 그 이상의 직급으로 올라가지 못하리라는 쓰디쓴 예감이 들었던 순간이었다. 아니, 일을 잘한다는 의미가 내가 알던 것과는 다름을 깨달았다는 말이 맞을 것이다.

영업력은 임원으로 가는 가장 확실한 티켓이다. 학문의 상아탑이라는 대학교에서도 교수들이 기업들과의 교류를 통해서 프로젝트를 가져오고, 학생들이 취업할 수 있도록 돕는 능력이 요구되는 현실이니, 기업의 영업 마인드야 두말하면 잔소리이다.

흔히 직장인들이 앉아서 다른 직원을 두고 하는 소리가 있다. "백씨는 하는 일도 없이 돈만 많이 받아." 과연 그럴까? 실무자의 시각에서는 그가 하는 일이 없어 보일 수 있으나, 기업에서 볼 때는 수익 창출에 없어서는 안 되는 사람일 것이다.

영업 마인드는 임원에게만 필요한 능력이 아니며, 영업 사원만 갖추어야 할 능력은 더더욱 아니다. 직장에서 성공을 꿈꾸는 사람이라면 누구나 가지고 있어야 할 자질이다. 다른 능력과 마찬가지로 영업 마인드 또한 갑자기 생기는 것이 아니다.

그렇다면 영업 마인드를 어떻게 키워나가야 할까?

## '관계'가 영업에 영향을 미친다

김 팀장이 퇴사한 K사는 분위기가 말이 아니다. 그가 파격적인 대우를 받으며 L사의 임원으로 가자, 동시에 가장 비중 있는 고객사가 그와 함께 떠나버렸기 때문이다. 김 팀장의 여러 가지 강점과 약점은 다 뒤로하고, 그의 고객사 관리 능력이 탁월했음은 누구도 부인할 수 없는 사실이었다. 그 고객사와 김 팀장 사이에 정확히 어떤 거래가 오갔는지는 알 수 없지만, 고객사가 그를 따라갔다는 것만으로 다시 한 번 그의 뛰어난 관계 형성 능력이 입증된 셈이다.

비즈니스에서, 구체적으로는 영업에서 '관계'가 차지하는 중요성과 영향력은 막대하다. 김 팀장은 고객사에 신뢰감을 주었고, 고객사는 그와 함께하면 이득이 있음을 이미 경험했기 때문에 주저하지 않고 그를 따라갔을 것이다. 영업을 끌어오는 관계 형성을 위해서는 아래의 요소들이 매우 중요하다.

1. 열정
자신의 업무에 본인도 열정이 없는데, 상대방이 그것에 관심을 보일 리 만무하다. 자기 일에 대한 열정부터 보여주어라.

2. 관심
영업만을 염두에 둔 관심은 거부감을 불러일으킬 수 있다. 상대방의 비즈니스에 대해 마음에서 우러나오는 관심을 보여라.

3. 원-원win-win
한쪽에만 이로운 것은 비즈니스가 아니다. 양쪽 모두 이기는 것이야말로 비즈니스 관계임을 인식하라.

영업력을 키운다며 사람들을 만날 때마다 모든 관심을 사업적인 면으로만 집중하면, 상대방이 거부감을 느끼게 되어 오히려 관계에 부정적인 영향을 미칠 수 있다. 내가 광고회사를 다닐 적에 알았던 어떤 기자는 근처에 마침 볼일이 있다며 한 달에 한 번 이상은 꼭 들러서 안부를 묻고, 연예계 가십 등 재미있는 이야기를 해주고 갔다. 그녀는 그런 말들 외에 단 한 번도 본인이 있는 매체에 광고를 실어달라는 식의 일 이야기를 한 적이 없었다. 지금 생각해보면, 그녀는 진정한 고수였던 것 같다. 업무에 대한 이야기를 하지 않았음에도 불구하고 어디에 광고를 실을지 매체 부서와 회의를 할 때면, 나는 으레 그녀가 몸담고 있는 매체가 생각났고, 그녀에게 연락을 취했기 때문이다.

그 여기자처럼 상대방의 관심을 자연스럽게 업무에 대한 관심으로 발전시키려면, 장기적으로 신뢰를 쌓아야 한다. 이런 장기적인 투자가 영업에 연결되어 긍정적인 결과를 가져온다. 아무것도 없는 상태에서 성공을 일군 사람들의 자서전을 읽어보면, 타인과의 장기적인 신뢰 형성이 비즈니스에 지대한 영향을 끼쳤음을 알 수 있다. 이런 힘은 누구나 벤치마킹할 수 있는 요소임을 기억하길 바란다.

당신이 일하면서 만나는 수많은 사람은 당신의 성공을 위한 조력자가 될 수 있다. 당신 역시 그들의 성공을 위한 든든한 조력자가 될 수 있다는 점도 명심하라.

## 콜드콜의 위력을 알자

"나는 네트워크가 빈약하고, 백도 없어. 영업을 할 기본적인 바탕이라도 있어야 말이지."

이렇게 생각한다면, 당신에게 콜드콜cold call의 위력을 말해주고 싶다. 물론 영업에는 원래 가지고 있는 인맥이 분명 큰 도움이 된다. 그러나 이미 갖추어진 인맥만큼이나 새로운 사람들을 통한 영업이 장기적으로 큰 성공을 가져오는 경우를 많이 보았다.

콜드콜이란 모르는 사람에게 전화를 걸거나, 직접 방문해서 판매를 이끌어내는 방법을 말한다. 안면 없는 사람에게 전화를 걸어서 당신이 제공하는 서비스나 제품에 관심을 가지게 하는 것은 쉬운 일이 아니다. 수많은 거절과 뼈아픈 말도 각오해야 하며, 단기적으로 성과를 끌어내겠다는 생각은 금물이다. 그러나 힘든 만큼 보상도 큰 것이 콜드콜을 통한 영업이다.

외국계 라이선싱 회사에서 신규 비즈니스 개발을 담당하고 있는 전 과장은 콜드콜로 뼈가 굵은 사람이다. 그 전에 국내 전자회사의 미국 지사에서 일할 때, 전 과장은 자신의 인맥이란 인맥은 모두 동원해서 고객사를 유치했지만 부족함을 느꼈다고 한다. 그러다보니 콜드콜이 중요한 수단이 되었고, 이후에 적지 않은 신규 고객사와의 거래를 콜드콜을 통해서 얻어냈다.

"물론 처음부터 대어가 낚이지는 않았죠. 그러나 하면 할수록 노하우가 생기고, 콜드콜을 통해 만난 고객사가 다른 고객사를 소개해주기도 해요. 그러면서 영업망이 차츰 넓어지는 것을 실감합니다."

2년이 넘은 지금, 전 과장의 업계 네트워크는 그 누구보다 훌륭하다.

콜드콜을 이용하여 새로운 비즈니스를 구축하는 장점 중 하나는 '목표 대상 설정'이 가능하다는 것이다. 당신이 이미 만들어놓은 인맥이 아무리 넓다고 해도, 그 인맥이 당신의 비즈니스와 직결되는 지점은 일부분에 불과할 것이다. 그러나 콜드콜을 통해서 영업을 하면, 당신이 원하는 사람과 회사를 직접적인 목표 대상으로 설정할 수 있다. 콜드콜의 가장 큰 장점은 본인의 의지만 있다면, 원하는 누구와도 관계를 맺을 수 있다는 것이다. 물론 그 과정은 쉽지 않지만, 당신이 열정을 가지고 적절한 방법을 이용한다면 충분히 승산이 있다.

## 영업하는 자가 인재의 영순위이다

영업력은 회사가 남녀를 불문하고 붙잡고 싶은 인재의 최상위 가치이다. 회사 입장에서 직원을 채용하는 궁극적인 목적은 매출을 올리기 위함이다. 회사는 채용한 직원들이 직간접적으로 이러한 목표에 공헌하기를 기대한다. 또한 재직자의 연봉을 올려주었을 경우, 그만큼의 '몸값'을 하길 바란다. 쉽게 말해서 '이윤 창출'에 확실히 기여하기를 원하는 것이다.

특히 직급과 연봉이 올라감에도 불구하고 이윤 증가에 공헌하는 모습이 보이지 않으면, 회사는 그 사람에게 많은 비용을 투자하는 것을 아까워할 수밖에 없다. 직원이 이와 반대되는 결과를 가져오면, 당연히 해당 회사에서는 붙잡아두려고 하고, 타사에서는 스카우트하려는 S급 인재로 우대를 받는다.

직급이나 직무와 상관없이 회사의 매출과 수익에 기여할 수 있다는 가능성과 능력을 보여주어야 기업이 최고로 대우해주고 싶고, 절대로 다른 곳에 빼앗기기 싫은 인재가 될 것이다.

# 28

# 당신 업무의 주인은
# 바로 당신이다

나의 일이라고 생각할 때, 성과를 내고 기회가 찾아온다.

"직원들은 어린아이가 아니다. 회사가 위에서 모든 일을 하나하나 확인하고, 조정하고, 간섭할 필요는 없다." 버진그룹의 창업자이자 회장인 리처드 브랜슨은 그의 저서 『비즈니스 발가벗기기_Business Stripped Bare_』에서 기업들을 향해 위와 같은 쓴소리를 던졌다. 그는 시시콜콜하게 참견하고 관리하는 대신, 직장인의 기업가 정신entrepreneurship을 북돋아주어야 한다고 강조한다.

한국 직장인의 일원으로서 외치건대, 우리나라 직장인의 업무 환경은 아쉽게도 기업가 정신을 키우기에는 역부족이다. 리처드 브랜슨의 말처럼 작은 것 하나까지 목숨을 거는 기업문화와 상사가 얼마나 직원들의 의욕을 떨어뜨리는지는 말할 것도 없다. 물론 기업가 정신과는 거리가 먼 태도로 직장생활을 하는 직원들을 보면서, 기업이 어쩔 수 없이 간섭하게 되는 것이라고 반대의 주장을 펼칠 수도 있다.

그러나 여러 가지 이유를 떠나서, 일단 환경만 탓하고 가만히 있으면 항상 그렇듯이 잃어버리는 기회가 너무나 많다. 한 가지 분명한 사실은, 직장인이 기업가 정신을 가지면 장기적으로 만날 수 있는 기회가 엄청나게 많아진다는 점이다. 기업이 직원들의 기업가 정신을 죽이느냐, 권장하느냐와 상관없이 직장인이 본인의 성공을 위해서 스스로 기업가 정신을 가지는 것은 가장 권하고 싶은 덕목 중 하나이다.

## 내 업무의 주인이 되자

기업가 정신의 사전적 의미는 '기업을 운영하며 계속적으로 혁신해나가는 정신. 위험을 무릅쓰고 비즈니스 기회를 실현하기 위하여 조직하고, 실행하고, 위험을 감수하는 정신'이다. 기업가 정신은 반드시 기업가에게만 해당되는 것이 아니며, 직장인들의 성공을 위해서 대단히 강력한 무기가 될 수 있다.

모든 직장인의 바꿀 수 없는 현실은 몸담은 기업이 실질적으로 본인의 회사가 아니라는 것이다. 그러므로 기업가 정신을 가지라는 말은 패러다임의 전환이라고 할 만큼, 사고의 큰 변화이다. 자신의 회사가 아니지만, 자기 회사라고 생각하며 일하라는 것이기 때문이다. 얼마 전 사업을 시작한 후배가 했던 말이 생각난다. "내 일을 한다는 것이 이런 거였어." 회사에서 일할 때는 주말 근무가 죽기보다 하기 싫더니, 자기 사업을 하면서는 주말에 일을 해도 완전히 새로운 기분이라는 것이다.

그 후배뿐만 아니라 회사를 그만두고 사업을 시작한 사람들과 대화해보면 "회사에 다니면서도 이렇게 열심히 일했다면, 아마 초고속으로 임원이 되었을 거야"라는 말을 심심치 않게 듣는다. 직장인에게 필요한 것이 바로 이런 기업가 정신이다. 자기 사업이라고 생각하면, 무엇인가를 이룬다는 성취감 때문에 힘든 것도 참을 수 있고, 조금이라도 더 이윤을 내기 위해서 가장 효율적으로 일하며, 더 많은 성과를 내려고 밤낮없이 노력할 것이다.

앞서 이야기한 것처럼 직장인은 현실적으로 회사의 실제 경영자가 아니다. 직장인들 중 자영업자들의 독립성을 부러워하면서도, 정작 그들의 책임감은 외면하는 사람이 많다. 공병호 경영연구소의 공병호 소장도 모든 직장인이 자영업자의 마음이 되어야 한다고 강조하는데, 이는 기업가 정신과 일맥상통한다. 그는 회사를 가리켜 자신에게 일거리를 주는 고객이며, 자기 자신은 최선을 다해 고객에게 서비스를 제공함으로써 그 대가를 받는 관계라고 설명한다. 이렇듯이 회사를 고객으로 생각하고 고객의 만족을 위해 일한다는 인식을 하면, 당신은 단연코 눈에 띄는 인재가 될 것이다.

당신이 기업가 정신을 가지게 되면 첫째, 업무가 즐거울 것이다. 자신의 일이라고 생각하면 일이 즐거워지고, 자연스럽게 동기부여가 된다. 둘째, 성과가 올라간다. 긍정적인 마음으로 열심히 달려들어 노력하면 성과가 날 수밖에 없다. 셋째, 직장생활이 편해진다. 상사는 업무 완성도가 높은 사람에게 더 많은 자율권을 주며, 직장생활에서 높은 수준의 독립성을 제공한다.

서비스 정신과 책임감으로 무장한 직원이야말로 회사에서 가장 보상해주고 싶은 사람일 것이다. 당신은 계속 함께 일하고 싶은 인재이자, 회사의 또 한 명의 주인과 다름없는 핵심 인물이 될 수 있음을 기억하라.

## 기회를 보는 눈을 기르자

"똑같은 회사에 다녔는데, 그에게만 보였던 것이지. 나는 그저 회사를 습관처럼 오가기만 했다는 생각이 들어." 한 선배는 냉소적인 표정으로 말문을 열었다. 오랫동안 함께 일했던 직장 동료가 얼마 전 창업을 했는데, 사업 아이템이 그 회사에서 함께 일한 사람이라면 한 번쯤은 생각해볼 만한 매우 수익성이 좋은 사업이었다는 것이다.

오해하지는 말길 바란다. 모든 직장인에게 창업을 권하는 소리가 아니다. 다만 현재에 안주해서 매일매일 하는 업무에만 가능성을 국한시키지 말라는 이야기이다. 변화를 느끼고, 기회를 포착하고, 미래를 계획하는 눈을 길러라. 기업가 정신으로 무장한 직장인은 우물 안 개구리가 아니다. 직장인이 가장 경계해야 하는 행동은 매너리즘에 빠져서 업무를 기계적으로 처리하는 것이다. 그런 사람들은 현재 하고 있는 업무 외에는 전혀 옆을 보지 않는다.

성공하는 기업은 현재의 비즈니스에 머물지 않고, 꾸준히 새로운 비즈니스 기회를 찾아서 도전한다. 반면에 변화의 흐름을 읽지 못하고, 현실에만 안주하는 기업은 퇴보할 뿐이다. 최대의 휴대전화 제조사였던 노키아가 지금은 삼성과 애플의 존재에 가리어지고, 전자제품의 대명사였던 소니와 파나소닉 등 전자업계의 전설들도 이제 역사의 뒤안길로 사라지고 있다. 직장인도 이와 똑같은 처지에 처할 수 있다. 주어진 일만 생각 없이 하면 발전은커녕 도태되기 십상이다. 변화의 흐름을 타고 계속해서 기회를 찾아야 성공의 반열에 오를 수 있다.

앞서 이야기한 선배의 동료처럼, 직장인에서 훌륭한 기업가로 변신한 대부분의 사람들은 열정적으로 직장생활에 임하면서 비즈니스 기회를 포착하고, 이후 독립하여 성공적으로 창업했다. 이러한 과정은 시사하는 바가 크다. 시야를 넓히면 보이지 않던 주변 상황이 보이고, 참으로 다양한 일들이 일어나고 있음을 알게 된다. 시야가 좁은 사람에게 이런 변화들은 자신과 상관없는 현상이겠지만, 그렇지 않은 사람에게는 자신의 미래와 연관된 기회를 가져올 변화일 수 있다.

리처드 브랜슨의 이야기로 돌아가보자. 그는 회사에 직원들을 어린아이처럼 대하지 말고, 존중하라고 충고했다. 다음의 내용을 자문해보라.

일일이 간섭과 조정을 당하는 대신 존중과 대우를 받으며 기업이 잡고 싶은 인재가 되려면, 스스로 어떻게 행동해야 할까?

기업가 정신이 바로 그 해답이다.

# 29

# 소통 능력이
# 곧 업무 능력이다

사람들과의 올바른 소통 없이는 비즈니스가 이루어질 수 없다.


'뛰어난 커뮤니케이션 능력의 소유자.' 이처럼 업종과 직종을 막론하고 기업의 채용 요건에는 대부분 커뮤니케이션 능력이 기재되어 있다. 이는 회사에서 형식적으로 써놓은 문구가 아니다. 커뮤니케이션 능력이 부족한 사람이 최종 합격하는 일은 운이 좋은 아주 드문 경우이다. 어떤 직무든지 혼자서 모든 일을 할 수는 없다. 우리는 항상 타인과 상호관계를 맺고 함께 일하므로, 커뮤케이션 능력이 우수한 사람일수록 업무 능력이 부각되고 기업에서 선호하는 것은 당연하다.

동료이건 상사이건 함께 일하며 가장 힘들게 만드는 주인공은 소통이 되지 않는 사람이라는 점에 많은 직장인이 동의할 것이다. 그런 사람들과의 대화가 매끄럽지 않은 이유는 다양하다.

남의 말을 듣기 싫어하는 성향, 말하기 능력의 부족, 또는 업무
에 대한 이해력이 떨어지는 까닭일 수도 있다.

그러나 아직 희망은 있다. 커뮤니케이션 능력은 몇 가지만 배
워도 크게 향상될 수 있다. 그중 경청과 긍정의 커뮤니케이션은
누구나 벤치마킹할 수 있는 간단한 방법이다.

## 잘 듣는 것이 상대방에 대한 존중이다

"독불장군이에요. 남의 말을 절대 듣지 않죠." 가장 부정적인 평
판 중 하나는 남의 말을 제대로 듣지 않는다는 평가이다. 여기에
는 커뮤니케이션 기술이 부족하다는 의미가 내포되어 있다. 엄
밀히 말하자면, 이 부분은 기술을 습득하기보다 마음에 변화가
있어야 한다. 남의 이야기를 듣지 않는 것은 성격 때문이라고들
말하지만, 무의식중에 상대를 존중하지 않는 태도도 한몫한다.
본인은 그런 의도가 절대 아니라고 말해도, 상대방이 느끼기에
는 그럴 수 있다.

커뮤니케이션은 서로 간의 교류가 핵심인데, 남의 말을 듣지
않고 본인의 이야기만 하는 것은 일방통행이므로 당연히 커뮤
니케이션이 제대로 될 리 없다. 기업이 가장 기피하는 인물 유형
중 하나는 바로 혼자서만 앞서가는 사람이며, 커뮤니케이션이
제대로 안 되는 사람은 본인이 원치 않더라도 그런 유형으로 분

류될 수 있다.

우선 '잘 듣기'는 커뮤니케이션의 출발점이다. 상대방의 말을 경청하겠다는 마음가짐과 함께, 당신에게 2초의 미학을 권한다. 상대방이 말을 끝내자마자 바로 말하기보다는 2~3초 정도 지난 후에 말을 꺼내는 연습을 하라. 짧은 시간이지만 잠시 기다리면, 상대방이 말을 모두 끝낸 것이 아니라 잠깐 쉬고 있었음을 알게 되는 경우가 적지 않다. 당신이 기다리지 않고 바로 대응하는 바람에 서로의 대화가 더욱 꼬여버렸던 경험이 분명 있을 것이다. 서로가 하고 싶은 말을 제대로 하지 못한 채 상대방이 말을 '낚아챘다'고 생각하기 때문에, 한 사람의 말이 끝나기가 무섭게 다른 사람이 자신의 못다 한 말을 하려들고, 이것이 반복되면 효율적인 커뮤니케이션이 이루어지지 않는다.

우리가 상대방의 말이 설득력 있다고 느끼는 경우는 그가 열을 올리며 이야기하고 쉴 틈을 주지 않을 때가 아니라, 먼저 우리의 이야기를 잘 들어주고 그에 따른 적절한 반응을 보일 때이다. 하루에도 몇 번씩 받게 되는 콜센터의 전화에 짜증이 나는 이유는 콜센터의 직원이 우리의 말을 듣지 않고, 대본에 적힌 대사처럼 세일즈 문구를 일방적으로 쉬지 않고 읊어대기 때문이다. 할 말이 많다면, 먼저 상대방이 말하는 것을 충분히 기다리고 경청하는 모습을 보여라.

2초의 기다림은 당신의 커뮤니케이션을 훨씬 효과적으로 바꾸어줄 것이다.

## 긍정의 커뮤니케이션을 하라

주변을 살펴보면 항상 "아니다", "안 된다"라고 답변하는 사람들이 있다. 버릇인지 귀찮아서인지 의심이 들 정도로 언제나 반대하는 대답이 예상되는 이런 사람들과의 비즈니스는 모두가 망설일 것이다. 김 대리도 이런 부정적인 반응을 하는 사람들 중 하나이다. 그를 오랫동안 알아온 사람들은 그가 참 괜찮은 인물이라고 말하지만, 이렇게 긍정적인 평가를 하는 사람들도 처음 그를 만났을 때는 꽤 긴 시간을 오해했다고 한다. "처음 1년간은 말 걸기가 싫더라구요. 무조건 틀리다, 안 된다고 하니까요."

어떤 일이든지 항상 반대부터 하는 사람과는 함께 일하기가 부담스럽다. 물론 언제나 상대방의 의견에 동의하거나, 부탁과 요청에 "네"라고 답할 수는 없다. 그러나 무조건 "아니요"로 시작하기보다는, 상대방의 이야기에 수긍이 가는 점을 먼저 말하고나서 반대 의견을 제시하거나 이해의 마음을 표현한 다음에 거절하는 것은 매우 큰 차이가 있다. 그래서 '긍정의 커뮤니케이션'은 '공감'과도 일맥상통한다.

긍정의 커뮤니케이션은 작은 태도 하나로 느껴지는 경우가 많다. 대화를 시작하기 전에 딱딱한 분위기를 깨는 짧은 농담을 하거나, 환한 미소 등 밝은 표정을 짓는 것도 좋은 방법이다. 예를 들어 고객사와 미팅을 할 때 처음부터 분위기가 경직되어 있으면 끝까지 잘 풀리지 않는 반면, 별것 아닌 대화로 분위기를 부드럽게 하고 시작하면 의외로 민감한 문제도 잘 넘어갈 수 있다.

긍정적인 표현은 방어적이지 않은 태도와 밀접히 연결된다. 방어적인 커뮤니케이션은 상대방이 미처 어떤 말을 하지 않았는데, 혼자서 미리 방어망을 치고 움츠리는 태도이다. 예를 들어 고객사가 "이런 점들이 좋지 않다는 반응이 나왔습니다"라고 불만을 표시하면, 그것이 어떻게 된 일인지 찬찬히 설명하면 되는데도 일단 "저희가 잘못한 부분은 없습니다"라는 식으로 말하는 것이다.

방어적인 커뮤니케이션을 하는 사람은 스스로 잘 모르는 경우가 많다. 자신감이 결여되었을 때 자기도 모르게 먼저 방어를 하게 되기 때문이다. 이런 방어적인 태도는 이직 시 면접을 할 때에도 부정적인 영향을 미친다. 이직이 잦은 사람들이 그 이유에 대한 질문을 받으면, 지루할 정도로 장황하게 대답하는 것이 방어적인 커뮤니케이션의 대표적인 예이다. 듣는 사람은 지루하고 힘든데, 이야기하는 사람은 그것을 눈치채지 못한다.

자신이 없을수록 차라리 정공법이 낫다. 모르면 모른다고 말하고 물어보자. 잘못했으면 사과하고 다시 시작하자. 이것이 움츠리고 방어하는 태도보다 훨씬 정직하고 바른 커뮤니케이션 방법이다. 어려운 상황에 놓이면 양손을 올려서 가리려고 하지 말고, 두 팔 벌리고 받아들이려는 자세로 바꾸어라.

당신의 변화된 긍정적인 커뮤니케이션 태도는 상대방으로 하여금 당신에게 좋은 기회를 제공하도록 유도할 것이다.

### 모바일 메신저로 일하는 사람

모바일 메신저는 전 국민의 커뮤니케이션 수단이 되었고, 이제는 비즈니스 세계까지 넘보고 있다. 얼마 전에 한 후배가 내 모바일 메신저 목록에서 사라진 것을 알고, 그 이유를 물어보았다. 그녀는 한숨을 쉬며 "고객사 담당자가 미팅만 끝나면 미팅 리포트라며 메신저로 길게 적어서 보내요. 이메일로 달라고 몇 번을 말해도 소용이 없어요. 오죽하면 메신저에서 탈퇴를 했겠어요"라고 말했다.

모바일 메신저는 미팅 리포트를 전달하는 알맞은 방법이 아니다. 비즈니스 커뮤니케이션에는 그에 맞는 적절한 수단이 있다. 상황과 상대방에 따라 유연하게 선택하는 것은 좋다. 직접 만나서 말하는 것을 선호하는 사람이 있고, 웬만하면 이메일로 이야기하자는 사람도 있다. 또 어떤 사람은 무조건 휴대전화로 연락을 달라고 한다.

중요한 것은 어떤 수단이 되었건 정확하게 전달하는 방식이어야 하며, 상대방을 배려한 방법이어야 한다는 점이다. 효과적인 커뮤니케이션은 그 내용만큼, 그것을 담아내는 그릇도 중요하다.

# 30

# 따르라고 말하는 대신
# 먼저 실천하고 따르게 하라

리더로서 스스로 변화하는 모습을 보일 때,
다른 사람도 변화시킬 수 있다.

"리더답게 카리스마 있으면서도 부드러운 분이면 좋겠어요. 목표를 달성함에 있어서는 저돌적이어야겠지만, 직원들에게는 따뜻하고 포용력 있는 분이요. 그리고……."

모 다국적 기업의 새로운 사장을 찾으며, 그곳의 인사 담당자는 자신들이 원하는 리더를 설명하는 데 끝이 없었다. 차가우면서도 따뜻하고, 강단 있지만 부드러운. 이렇게 완벽한 리더가 있을까 싶을 정도로 요구 사항이 많았다. 그 말을 듣고 있으니 한편으로는 '사람들이 이 정도로 리더십에 대해서 광범위하면서도 높은 기대치를 가지고 있구나'라는 생각이 들었다. 물론 사장 직책의 구인이었기 때문에 일반 사원을 모집할 때보다 더욱 바라는 점이 다양했겠지만, 사실 리더십이란 직업과 직급을 막론

하고 직장생활에서 요구되는 필수 자질이다. 리더십이 탁월한 사람이 작게는 팀과 프로젝트의 성공을 좌우하고, 크게는 조직을 움직인다.

경력이 쌓일수록 기대치가 올라가는 자질이 바로 리더십이지만, 당신이 사원이나 대리라고 해서 상관없다고 생각해서는 안 된다. 전에는 완벽한 피라미드 구조였던 회사라는 조직이 지금은 상하좌우로 매우 유동적인 움직임을 보이기 때문이다. 프로젝트의 중심 업무는 직급과 관계없이 그 일을 가장 잘할 수 있는 사람이 하며, 프로젝트의 리더 역시 반드시 상사가 맡지는 않는다. 따라서 맡은 일을 가장 잘 이끌어나갈 수 있는 리더의 역할이 더욱 중요해지고 있다.

## 먼저 변한 다음에 변화시켜라

예전 회사의 어떤 대표는 걸핏하면 "사장인 나를 무시합니까?"라고 말해서 아랫사람들을 움찔하게 만들었다. 초반에는 그 대표의 기에 눌려서 직원들이 그의 말을 따랐지만, 금방 역효과가 났다. '오죽 자신이 없으면 직급으로 누르려고 하나'라는 분위기로 바뀌었다. 사장이니까, 팀장이니까, 윗사람이니까 당연히 아랫사람이 따라야 하는 것이 리더십이라면, 굳이 리더십이라는 자질을 강조할 필요가 없을 것이다. 직급이 높은 사람이 다 하면

될 테니 말이다.

아랫사람을 통제하고 억압하는 것이 더 이상 리더십이 아님을 머릿속으로는 알고 있을지 모르지만, 여전히 대부분의 사람들은 직급이 올라가면 리더로서 아랫사람을 조종하거나 짓누르려고 한다. 최근에 거론되는 '아랫사람을 섬기는 리더십'인 서번트 리더십servant leadership처럼, 리더십의 올바른 방향은 권위와 특권에서 벗어나 팀원과 조직을 위해 일하는 서비스 정신으로 나아가야 한다.

더불어 셀프 리더십self leadership에 대해서도 생각해보길 바란다. 셀프 리더십을 실천하지 않고 말로만 "나를 따르라" 하고 큰소리치는 것은 공허하다. 리더 스스로 변화되지 않으면서 아랫사람과 조직만 변화시키려는 것은 의미가 없다. 리더가 먼저 동기부여를 하고 자기 자신을 가꾸어나갈 때, 비로소 다른 사람들 또한 지도할 수 있다. 셀프 리더십은 조직에 몸담지 않고 혼자 일하는 사람에게도 중요한 자질이다. 남을 독려하는 것만큼이나 자기 자신을 관리하는 일은 어렵다. 그러나 자신에게 끊임없이 동기부여를 하고, 스스로 조절하는 능력을 기르면, 그 과정이 힘들었던 만큼 좋은 결과가 나타난다.

개인의 목표를 위해서건, 조직의 목표를 위해서건, 당신의 마음으로부터 우러나오는 변화에 대한 동기와 이에 따른 행동이 긍정적인 변화의 바람을 일으킬 것이다.

## 큰 그림을 제시하라

양 팀장은 아랫사람들이 자신을 잘 따르지 않고, 불만이 많은 것이 항상 불안했다. 고민 끝에 그는 부하 직원들의 업무를 도와주기로 마음먹고, 그들의 일을 조금씩 덜어가기 시작했다. 과연 직원들이 그를 더 따르고, 그에 대한 만족도가 올라갔을까? 절대 그렇지 않다. 오히려 그는 더욱더 아랫사람들이 원하는 리더의 모습에서 멀어졌다. 부하들을 제대로 살피는 것은 그들의 일을 나누어 하는 것이 아니다. 일을 덜어주려면 직원을 한 명 더 뽑으면 될 일이다.

리더는 구성원들을 아우르는 뚜렷한 목표를 설정해야 한다. 그와 동시에 어떻게 그 목표를 성공시킬지에 대한 방법과 방향을 제시해야 한다. 즉 큰 그림을 그릴 줄 알아야 한다는 뜻이다. 바람직한 리더십은 하나의 프로젝트가, 팀이, 조직이 나아갈 방향을 제시하는 것이다.

조직에서 리더를 바꾸고 싶다고 은밀히 헤드헌터에게 연락을 해오는 경우, 대부분의 사유가 리더의 큰 그림을 그리는 능력이 부족했기 때문이었다. 작고 세세한 업무 처리 능력이 부족해서 리더가 심판대에 오르는 경우는 드물었다. 리더의 중요한 역할

중 하나는 적재적소에 역량이 되는 사람을 배치하는 것이므로, 업무가 돌아가는 상황을 제대로 파악하고 있다면 세심한 부분까지 신경쓰지 않는다고 해서 그것이 리더십이 의심받을 원인은 아니다. 오히려 구성원들은 그런 모습에서 자율성을 느낄 수도 있다.

간혹 실무형 리더십을 선호한다는 요청도 들어오지만, 이것이 앞서 본 양 팀장의 사례처럼 사원이나 대리, 과장급이 하는 업무를 대신한다는 의미는 아니다. 실무형 리더십이란 권위를 앞세운 채 책상에 앉아만 있는 것이 아니라, 전문적인 지식과 업무 능력을 갖추고 직접 행동하며 조직의 구성원들을 이끌어가는 것을 말한다.

넓은 시야로 나아갈 방향을 제시하는 진정한 리더십을 갖춘 사람은 어느 곳에서나 환영받는 인재임을 잊지 말자.

# 직업은
# 평생의 화두이다

"내가 20대였을 때는 30대가 되면 인생의 철학이 정립되고, 모든 것에 마음이 좀 편해지리라고 기대했어. 내 인생이 어느 정도 정돈되어 있을 것이라고 생각했거든. 그래서 어서 빨리 30대가 되기를 바랐지. 그런데 막상 30대가 되니 오히려 생각만 더 많아지네."

이루어놓은 일 하나 없이 시간만 흘러간다는 조바심이 들 때면, 나는 한 선배가 했던 말을 떠올린다. 그런데 어쩌면 앞으로 10년 뒤에도 나는 어떻게 살아갈지 계속 고민하고 있을 것만 같다.

나를 포함한 대부분의 사람들이 평생을 두고 직업에 대한 고민을 한다. 10대 후반이나 20대 초반부터 첫 직업에 대한 고민이 시작되고, 취업에 성공한 20~30대는 진로 문제 및 갖가지 직장 문제로 갈등하며, 40~50대는 퇴직을 하면 어떤 일을 해야 할지 고심한다. 이런 고민은 60대가 되어도 사라지지 않는다. 100세 장수 시대를 살아가는 노년층은 어떻게 하면 좀 더 보람 있게 살 수 있을지 고민한다. 이렇게 성인이 된 이후 우리의 인생은 직업으로 시작해서 직업으로 끝난다고 해도 과언이 아니다.

그러므로 직업 때문에 고민하는 사람이 있다면 혼자만의 고민이 아니며, 한때 하고 끝날 고민은 더더욱 아니라고 말해주고 싶다. 그러나 직업에 대해 평생 고민하는 것은 결코 절망스러운 일이 아니다. 건강하게 살기 위해서 평생 노력하는 일이 당연한 것처럼, 자신에게 맞는 직업을 찾고 자기계발에 힘쓰는 것은 우리 인생의 필수 과제이기 때문이다.

**천직은 치열하게 고민하고 노력한 사람이 발견한다**

"고민할 필요 없이 하늘에서 천직이 뚝 떨어져 평생 그 일에 빠져서 살아갈 수 있다면 얼마나 좋을까"라는 말을 종종 듣는다. 그러나 헤드헌터로서 내가 경험한 바에 의하면, 천직은 우리 앞에 불현듯 나타나는 것이 아니라, 치열하게 고민하고 노력한 사람만이 발견한다는 것이다.

또한 우리 시대의 천직은 단 하나뿐이 아니라 여러 가지일 가능성이 높다. 한 사람이 일생 동안 평균적으로 완전히 다른 세 가지의 직업을 가지게 된다는 연구 결과가 있듯이, 주변을 잘 관찰해보면 평생에 최소한 두 가지 이상의 직업을 가지고 살아온 사람이 생각보다 많음을 발견하게 된다. 20~30대에 천직이라고 생각했던 일이 40~50대에는 다른 직업으로 바뀔 수도 있고, 20~30대에 힘들게 일한 것이 바탕이 되어 이후 제2, 제3의 직업을 거쳐 천직이라고 부를 만한 일을 찾게 되기도 한다.

앞서 살펴보았듯이 금융 업무에서 요리사로 드라마틱한 변화를 한 사람도 있고, 나처럼 광고 기획자에서 헤드헌터로, 또 공무원에서 사회사업가로, 금융 전문가에서 마케터로 변화하기도 한다. 이렇게 좋아하는 새로운 일을 찾고 두 번째, 세 번째 직업을 가지는 사람들은 이제 더 이상 희귀한 사례가 아니다.

인생을 풍요롭게 만드는 직업은 당신 앞에 마술처럼 어느 순간 갑자기 나타나지 않는다. 좋아하는 일을 새롭게 발견한 사람들은 어쩌다보니 새 직업을 찾게 된 것이 아니라, 본인의 현재 직업을 꾸준히 관리함과 동시에 새로운 분야에 눈뜨는 노력을 게을리하지 않았다는 공통점이 있다. 분명한 사실은, 고민할수록 당신은 천직에 한 걸음 더 다가가 있을 것이라는 점이다.

인생의 한순간 한순간이 각각 별개의 삶이 아닌 한 사람의 연결된 이야기인 것처럼, 직업 관리를 위한 모든 활동은 점과 점으로 죽 이어져 하나의 연결선이 됨을 이해한다면, 당신이 현재 하고 있는 일의 가치와 미래의 직업에 대해서 좀 더 뚜렷한 그림을 그릴 수 있을 것이다.

대한민국의 모든 직장인에게 응원의 메시지를 보낸다.